中学版

suitable for middle school

优秀中小学科创教材

基于STEM教育理念 · PBL项目式学习方式编写

创造性思维及其培养

东莞市教育局教研室 编著

南方日报出版社
NANFANG DAILY PRESS
中国 · 广州

图书在版编目（CIP）数据

创造性思维及其培养：中学版 / 东莞市教育局教研室编著．— 广州：南方日报出版社，2020.8（2021.6重印）

ISBN 978-7-5491-2157-1

Ⅰ.①创… Ⅱ.①东… Ⅲ.①创造性思维—能力培养—中学—教学参考资料 Ⅳ.①G632.0

中国版本图书馆CIP数据核字（2020）第006598号

CHUANGZAO XING SIWEI JIQI PEIYANG ZHONGXUE BAN

创造性思维及其培养·中学版

编　　著：东莞市教育局教研室
出版发行：南方日报出版社
地　　址：广州市广州大道中289号
出 版 人：周山丹
责任编辑：方　明　曹　星
责任校对：裴晓倩
责任技编：王　兰
经　　销：全国新华书店
印　　刷：广州市尚铭印刷股份有限公司
开　　本：787 mm × 1092 mm　1/16
印　　张：9.5
字　　数：140千字
版　　次：2020年8月第1版
印　　次：2021年6月第2次印刷
定　　价：30.00元

投稿热线：（020）87360640　　读者热线：（020）87363865

编委会

主　　　　编：黄振余

副　主　编：卢名远　刘昌波　郑敏祥

主要编写人员：刘昌波　郑敏祥　詹伟达
徐　佳　杨桂冰　李　敏

前言

小创现在是初中生了，他在课外时间最喜欢去学校的创客室。看着岿然屹立的大型 3D 打印机、激光切割机、三维扫描仪、木工锯床等设计、制作设备，他这个小有名气的小创客是心里有说不出的激动。他心想，这些机器也如自己的身材一般见长了，必定比小学创客室里那些更厉害，自己面临学习、创新实践的挑战也更大了，任由自己发挥的空间更宽广了！

创客室的老师看到了他眼神中的亮光，微笑着问他："小创，你有什么想法了吗？"

小创想了想，谦虚地说："小学科学老师教了我很多有关于 TRIZ（发明问题的解决理论）的发明原理，我也在老师的指导下做了一些小发明，收获很大。但是，我觉得自己的知识、方法、能力还不够，那些设计和作品放在初中可能太简单。老师，您认为我该从哪些方面入手，做些什么好呢？"

老师点头表示赞许："看来你有不少发明创造的经验，这很难得。想要更容易地找到发明的好点子，除了了解发明原理，还要学习一些发明技法，打开自己的思路。当然，最重要的是要树立"提高生活品质，带来更多方便"的服务意愿，要坚持多关注生活，留意身边发生的事和物"的创新意识。小创有点似懂非懂，随即又问："老师，那我该怎样开始呢？"

老师拍拍他的肩头，说："小伙子，别着急，生活中有很多方面都有可改进的地方，那些就是你发明的源泉。不过，这可不是一两句话可以说清楚的。要不，你来学校的创新社，我们一起开始创造发明的新历程。”

“那我就能天天来创客室了？”小创急切地问。

“那当然。”

“太好了，谢谢老师！”小创开心得差点蹦了起来。

同学们，你可以从生活的哪些方面找到发明的课题呢？你是不是也想知道老师教了小创哪些发明技法呢？那就跟着一起来学习吧！

目录

第四章　类比类发明技法

第五章　设问类发明技法

第一章

创造性思维方式

在生活中，我们常常会因已有经验而禁锢了思维。看到圆圈首先想到的是字母“O”或者数字“0”，而忘了我们曾经也把它看成一个球、一个蛋、一个烧饼、一个车轮……

心理学家说过：“只会使用锤子的人，总是把一切问题看成是钉子。”要想具有创新思维，首先就得打破思维定势。

第一节 发散思维：智能新时代

思维启迪

问题背景

1973年，马丁·库帕发明了第一台无线电话。从此，手机走进了人们的生活。

如果回到40多年前，你是否能想到，当初只是用来打电话的手机，到今天竟然可以拍照、听书、玩游戏、移动支付……以前出门要带的相机、收音机、游戏机、钱包等一大堆东西，现在只要一个手机就统统搞定。

常有人戏言："贫穷限制了我的想象。"其实更重要的是"思路决定出路"。有时候看似天马行空的想法，某一天就有可能变成现实。

你的脑海中有过这样与众不同的想法吗？

案例鉴赏

一块"砖头"的划时代变身

不知不觉，手机走进我们的生活已经有几十个年头了。回顾手机发展的过程，无论是造型还是功能都有了翻天覆地的变化。手机的发展也是经过了一次又一次的变革（如图1-1-1所示），才形成了如今多样化的造型、多样化的功能，而不是单一的通信工具。

摩托罗拉 DynaTAC 8000X，世界首款便携移动电话的原型机，重2磅（0.904千克），通话时间1小时，可以存储30个电话号码，销售价格为3995美元，

摩托罗拉 DynaTAC 8000X　摩托罗拉 Motorola StarTAC　华为 Mate20　华为 MateX

图 1-1-1 手机的变革

是名副其实的最贵重的“砖头”，不仅机身重，可以作为防身武器，而且颜色、功能单一，只能通话。相信街头拿这些“砖头”的新贵，最希望的是能在小包里，甚至衣服口袋里装下手机。

后来，智能手机出现了，它们比原来的手机薄得多，有的厚度仅有 4.75 毫米；它们的面板有些采用了特殊的钢化玻璃，是塑料坚硬程度的几十倍，非常耐划；它们拥有无与伦比的显示屏幕；它们就像拥有海量图书的图书馆；它们的摄像头甚至超过了一般的相机，相当于一台小型的智能影视编辑器；它们还有视频通话、手机支付和实时导航等功能。

到今天，华为还推出了可以折叠屏幕的 MateX！手机简直就是个无所不能的超级智能机器。

分析与归纳

我们一起来对手机的功能进行罗列，将结果填到图 1-1-2 中，同时完成下面的填空。

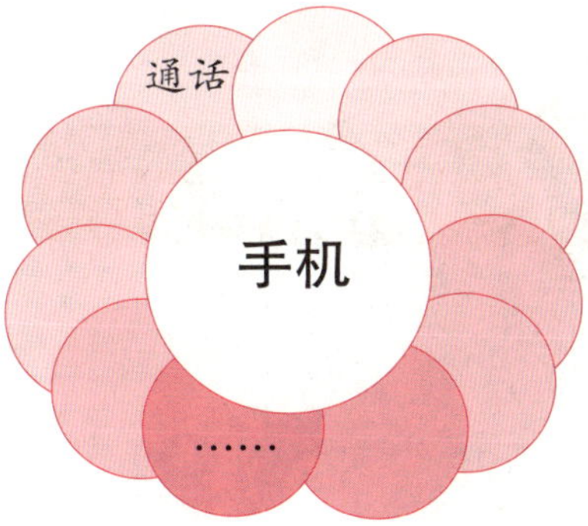

图 1-1-2 手机的功能

通过上图可以看出，从____________这个相同的问题出发，人们不断地向______方向思考，最终挖掘出众多的新功能，这是一种创新的思维方式。

方法提炼

发散思维又称辐射思维、放射思维或扩散思维，它具有流畅性、变通性、独特性的特点。发散思维通常可以从材料、功能、结构、形态、组合、方法、因果、关系等方面去发散问题，如图 1-1-3 所示。

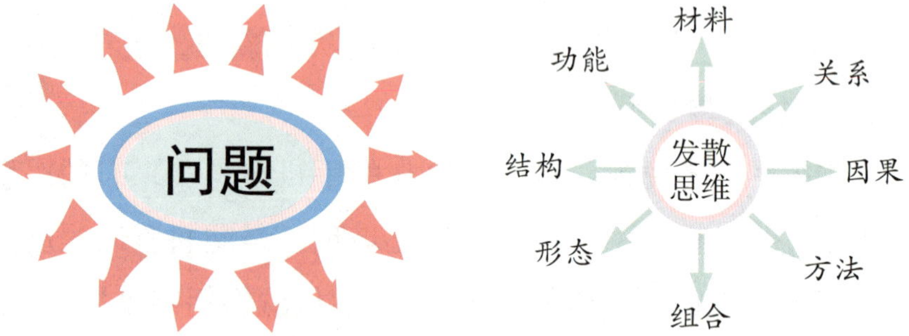

图 1-1-3　发散思维及其发散形式

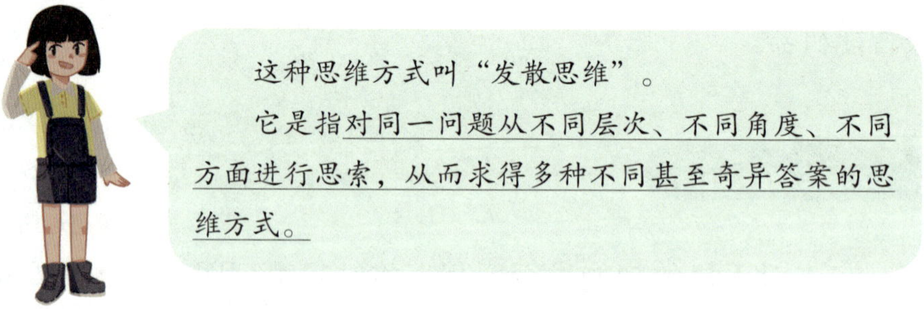

问题解决

明确任务

发散思维是一种非常有效的思维方式，在当今这个使用智能手机的时代，你对手机又有怎样的期待？请尝试利用发散思维去改造手机吧。

任务：我想把手机变成＿＿＿＿＿＿＿＿＿＿＿＿＿＿＿＿＿＿＿＿。

组建团队

请你就以上任务与同学交流看法，找同样感兴趣的小伙伴组成团队，选出本次头脑风暴的主持人，做好分工，完成表 1–1–1。

表 1–1–1

成员分工	1. 主持人：
	2. 记录员：
	3. 整理员：

头脑风暴

由主持人主持，小组成员轮流发表观点。要用心倾听每个人的发言，并将其中的创意亮点记录在表 1–1–2 中。注意，不要批评别人哦！

表 1–1–2

小组成员	创意亮点

分类整理

听取记录员的陈述，由整理员执笔，大家一起运用思维导图工具，对前面记录的创意亮点进行分类整理，完成图 1–1–4。

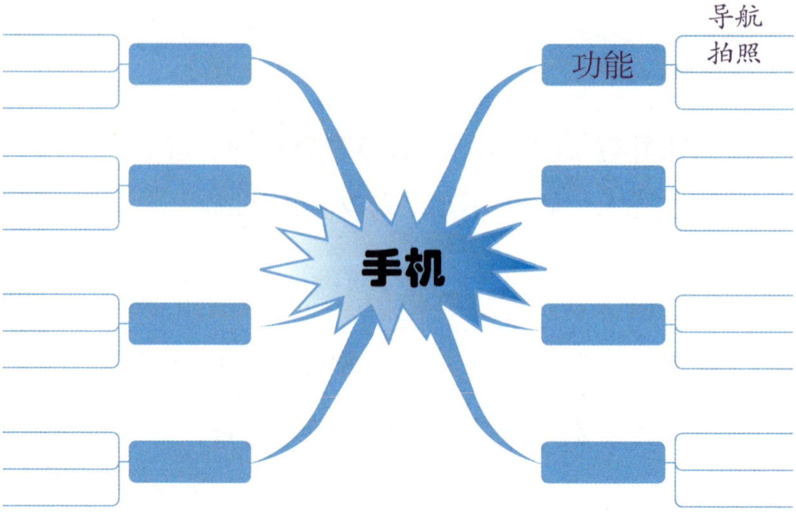

图 1-1-4　创意整理图

设计方案

请你选择感兴趣的问题，确定主题。尝试再次用头脑风暴，找出解决问题的创意亮点，并完成创意方案表（表 1-1-3）。

表 1-1-3

设计主题			
作　者		班　级	
设计图			
创新点			

创意查新

第一步：请将你的创意提炼出关键词——________、________、________；

第二步：请上中国国家知识产权局官网（http：//www.sipo.gov.cn/）进行查找。如果没有类似或类同的创意，那么恭喜你，请你赶紧申请专利或制作出来吧！如果有，就请你继续改进方案！

评价交流

创意分享

请以你自己最喜欢的方式来分享你的创意，可采用的分享方式有：

1. 在班上介绍自己的设计，并通过微信“朋友圈”、微博进行分享；
2. 围绕主题制作一张电子板报并分享；
3. 利用 3D 建模工具把创意设计出来并分享。

创意评价

请参考表 1–1–4，对你的创意进行评价。

表 1–1–4

评价维度	评价星级（涂色）
创意数量	☆ ☆ ☆ ☆ ☆
创意方案	☆ ☆ ☆ ☆ ☆
创意分享	☆ ☆ ☆ ☆ ☆

创意完善

请仔细思考大家提出的意见，对自己的创意进行修改完善，直到小组成员满意。

应用拓展

典型应用

自行车的发散

自行车有很多种类，如：独轮自行车、三轮自行车、双人骑的自行车、多人骑的自行车、带婴儿车的自行车、带滑轮的自行车、在水中骑的自行车、电动自行车、健身自行车……

学以致用

请同学们想一想：我们还可以利用发散思维来解决身边的哪些实际问题？如：

1. 饮水机反复煮水问题；

2. ____________________；

3. ____________________；

4. ____________________。

第二节 逆向思维：健康新生活

思维启迪

问题背景

近年来，随着社会发展，工作和生活的节奏越来越快，压力越来越大，不少人出现了亚健康状况甚至是严重的疾病，人们越来越重视健康和运动。除了定时体检，人们也常希望能挤出时间去游泳、健身、打球……但囿于大型运动场里常一位难求，或是医院人满为患，很多人又不得不放弃了该有的健康保障。

有没有什么方法让运动变得随处可行，让医疗变得更轻松自然？或许换个角度思考问题，就有与众不同的解决方案。

案例鉴赏

案例 1：无边界泳池（Endless Pool）

图 1-2-1　无边界泳池

如图 1–2–1 所示，这是一种缩小版的游泳池，人在泳池里面可以不停地游泳。在普通的泳池里，水是静止的，人游泳时不断前进，但在这个泳池里，水是不断地流动的。根据相对运动的原理，当流速正好等于你游泳的速度时，你就能一直游下去，永远到不了边界！池中水的流速是可以调节的，适合不同速度的人使用；池中的强力出水口与超大回水口保证了整个水流的正常循环流动，使水流平稳中带着力度，甚至可以模拟出在很深的海水中游泳的畅快感，还不用担心会遇到漩涡和巨浪。目前国外很多酒店、度假区都有这种无边界泳池，一些游泳训练机构也采用这种泳池给队员训练。

案例 2：移动的医院

图 1–2–2　移动的医院

生病了，要去医院看病，这是正常的思路，但美国西雅图的一家设计公司设计了一款搭载医疗设备的自动驾驶概念车 Aim，如图 1–2–2 所示，它的理念是：生病时，移动医院先去看病人。这辆医疗车提供 BMI（体重指数）测量仪、血压计、声学听诊器等基本的诊断设备，车辆搭载的软件系统会自动识别、收集并分析病人的身体医疗数据，在必要时传送给远程在线的真人医生，或是 AI（人工智能）医生助理，可以为病人提供一个高效的护理建议。它可以进行紧急运输，还是一个移动药房。对于那些需要补充处方药的病人，可以免去挂号排队开药缴费这样的麻烦事。对于一些简单、早期的健康问题，车载 AI 将为病人提供覆盖范围较广的药物选择。

分析与归纳

我们一起来对前面的案例进行分析、归纳，并将结果填到表 1-2-1 中。

表 1-2-1

案　例	原有处理方式	现在处理方式
无边界泳池		
移动的医院		
共同点		

方法提炼

这种思维方式叫“逆向思维”。

它是指不采用人们通常思考问题的思路，而是反过来，从对立的、相反的角度和途径去思考问题。

逆向思维一般可以从原理、功能、属性、大小、时间、空间、方向等方面的相反方向去思考，它的具体方式通常有反转型逆向思维、转换型逆向思维和缺点逆用思维，如图 1-2-3 所示。

反转型逆向思维，是指从已知事物的相反方向，如功能、结构、因果关系等进行思考，产生发明构思的途径。如市场上出售的无烟煎鱼锅就是把原有煎鱼锅的热源由锅的下面安装到锅的上面，这是对结构进行反转型思考的产物。

转换型逆向思维，是指由于解决某问题的手段受阻，而转换成另一种手段，

逆向思维的方式

- 反转型逆向思维
- 转换型逆向思维
- 缺点逆用思维

图 1-2-3　逆向思维的方式

或转换思考角度思考，以使问题顺利解决的思维方法。《司马光砸缸救人》的故事中，由于他不能通过爬进缸中救人，因而转换为破缸救人，进而顺利地解决了问题。

缺点逆用思维，是指将缺点变为可利用的东西，化被动为主动、化不利为有利的方法。金边凤尾裙的发明就是典型的应用案例。

问题解决

明确任务

我们可以利用逆向思维这种方式来思考与运动和健康有关的事物。

任务

请尝试用逆向思维去解决以下其中一个问题：

1. 看病难；
2. 运动损伤（崴脚、拉伤、骨折等）；
3. 大型球类（足球、篮球等）运动场地难求；
4.______________________________。

组建团队

请你就以上主题与同学交流看法，找同样感兴趣的小伙伴组成团队，选择一个大家感兴趣的问题，确定主题。然后选出本次头脑风暴的主持人，做好分工，完成表 1–2–2。

表 1–2–2

确定主题	
成员分工	1. 主持人：
	2. 记录员：
	3. 整理员：

头脑风暴

由主持人主持，小组成员轮流发表观点。要用心倾听每个人的发言，并将其中的创意亮点记录在表 1–2–3 中。注意，不要批评别人哦！

表 1–2–3

小组成员	创意亮点

分类整理

听取汇报员的陈述，由整理员执笔，大家一起运用思维导图工具，对前面记录的创意亮点进行分类整理，完成图 1–2–4。

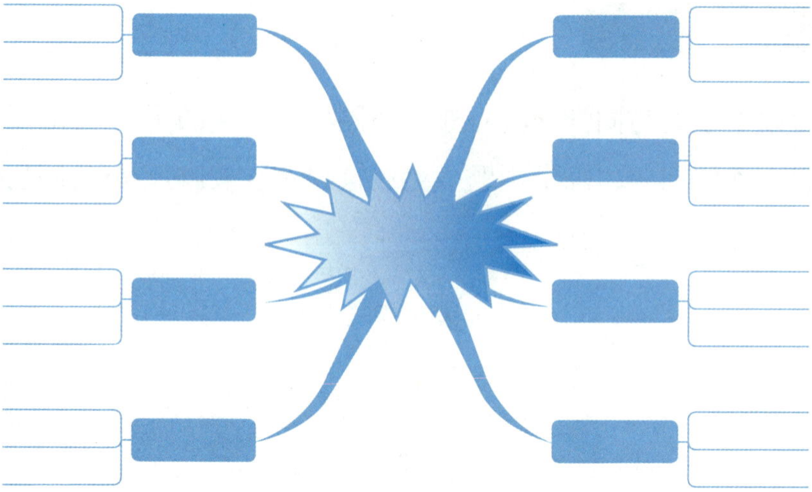

图 1-2-4　创意整理图

设计方案

请小组或个人选择感兴趣的问题，确定主题。尝试再次用头脑风暴，找出解决问题的创意亮点，并完成创意方案表（表 1-2-4）。

表 1-2-4

设计主题			
作　者		班　级	
设计图			
创新点			

创意查新

第一步：请将你的创意提炼出关键词——________、________、________；

第二步：请上中国国家知识产权局官网（http：//www.sipo.gov.cn/）进行查找。如果没有类似或类同的创意，那么恭喜你，请你赶紧申请专利或制作出来吧！如果有，就请你继续改进方案！

评价交流

创意分享

请以你自己最喜欢的方式来分享你的创意，并思考如何把创意变成实物。可采用的分享方式有：

1. 在班上介绍自己的设计，并通过微信“朋友圈”、微博进行分享；

2. 围绕主题制作一张电子板报并分享；

3. 利用 3D 建模工具把创意设计出来并分享。

创意评价

请参考表 1–2–5 对你的创意进行评价。

表 1–2–5

评价维度	评价星级（涂色）
创意数量	☆☆☆☆☆
创意方案	☆☆☆☆☆
创意分享	☆☆☆☆☆

创意完善

请仔细思考大家提出的意见，对自己的创意进行修改完善，直到小组成员满意。

应用拓展

典型应用

自助餐厅的规定

一家自助餐厅因顾客浪费严重而效益不好，于是餐厅规定：凡是浪费食物者罚款 10 元！结果生意一落千丈。后来，餐厅换了一种思路，将自助餐价格提高了 10 元，并将原来的规定改为：凡没有浪费食物者奖励 10 元！结果生意火爆且杜绝了浪费行为。不同的思维方式导致了不同的结果。

学以致用

请同学们想一想：我们还可以利用逆向思维来解决身边的哪些实际问题？如：

1. 扶手电梯的消毒；
2. ______________________________；
3. ______________________________；
4. ______________________________。

第三节 侧向思维：环保新理念

思维启迪

问题背景

习近平总书记说：“金山银山，不如绿水青山。”在经济高速发展的同时，也出现了许多环境问题。温室效应的加剧，垃圾、化肥、农药、汽车尾气等带来的污染，无一不困扰着人类。

如何才能既满足人们日益增长的物质需求，又减少资源的浪费和对环境的破坏？另辟蹊径，不失为一种选择。

案例鉴赏

案例 1：不用电的“空调”

在孟加拉国，有将近 70% 的人住在没法供电的小棚屋，夏天温度会高达 45 ℃。孟加拉国的设计师 Ashis Paul 发明的这款饮料瓶生态空调造福了数十万孟加拉人。如图 1-3-1，它的原理是热气流通过瓶子较宽的部分后经过窄窄的瓶颈时，压力会发生变化，使气流在进入室内之前会被冷

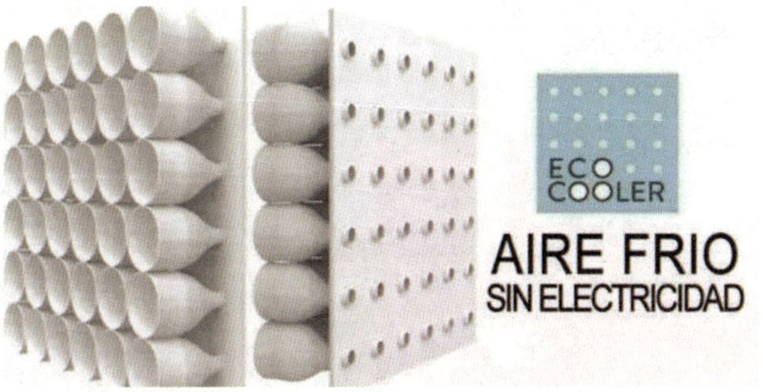

图 1-3-1 不用电的“空调”

却。就像你往手心哈气，感觉是热的，但嘴型变小呼气时，就会感觉气流是凉的。所以瓶身瓶颈大小相差越大，制冷效果越好。

案例 2：“球”装水

图 1-3-2　装水的“球”

瓶装水早已成为我们日常生活的一部分，然而塑料难以分解，会造成污染。来自英国帝国理工学院的几个学生，设计出用“球”来装水，如图 1-3-2，它是将水包裹进对环境零负担的特殊材质里，这种特殊材质是由褐藻和氯化钙制成的，在 4—6 周内可以完全生物降解。这种球可以代替塑料的矿泉水瓶来包裹住饮用水，口渴时你可以吃掉它，它还可以调制不同的口味，扔掉也能很快在大自然里分解，不会对环境造成任何污染。

分析与归纳

我们一起来对前面的案例进行分析、归纳，并将结果填到表 1-3-1 中。

表 1-3-1

案　例	原有处理方式	现在处理方式
不用电的“空调”		
“球”装水		
共同点		

方法提炼

这种思维方式叫“侧向思维”。

它是指沿着正向思维的旁侧开拓新思路，利用其他领域的知识和资讯，从侧向迂回地解决问题。

侧向思维的核心在于“他山之石，可以攻玉”，在应用时可以从以下三个方面去思考：

1.其他行业、专业、企业的做法、思路、产品特点、发明创造能否为我所用？

2. 现在的产品、思路、方法能否改变原来设想的路径，转换方向用到更能发挥作用的其他地方？

3. 要解决的问题是否可以转换成其他问题，或将解决问题的手段转换为其他手段？

问题解决

明确任务

我们可以利用侧向思维这种方式来思考与节能环保有关的事例。

任务

请尝试用侧向思维去解决以下其中一个问题：

1. 厨房垃圾；2. 快递包装；3. 废旧运动鞋；

4.______________________________。

组建团队

请你就以上主题与同学交流看法，找同样感兴趣的小伙伴组成团队，选择一个大家感兴趣的问题，确定主题。然后选出本次头脑风暴的主持人，做好分工，完成表 1–3–2。

表 1–3–2

确定主题	
成员分工	1. 主持人：
	2. 记录员：
	3. 整理员：

头脑风暴

由主持人主持，小组成员轮流发表观点。要用心倾听每个人的发言，并将其中的创意亮点记录在表 1–3–3。注意，不要批评别人哦！

表 1–3–3

小组成员	创意亮点

分类整理

听取汇报员的陈述，由整理员执笔，大家一起运用思维导图工具，对前面记录的创意亮点进行分类整理，完成图 1–3–3。

图 1-3-3 创意整理图

设计方案

请小组或个人选择感兴趣的问题，确定主题。尝试再次用头脑风暴，找出解决问题的创意亮点，并完成创意方案表（表 1-3-4）。

表 1-3-4

设计主题			
作　者		班　级	
设计图			
创新点			

创意查新

第一步：请将你的创意提炼出关键词——________、________、________；

第二步：请上中国国家知识产权局官网（http: //www.sipo.gov.cn/）进行查找。如果没有类似或类同的创意，恭喜你，赶紧申请专利或制作出来吧！如果有，请你继续改进方案！

评价交流

创意分享

请以你自己最喜欢的方式来分享你的创意，并思考如何把创意变成实物。可采用的分享方式有：

1. 在班上介绍自己的设计，并通过微信“朋友圈”、微博进行分享；
2. 围绕主题制作一张电子板报并分享；
3. 利用 3D 建模工具把创意设计出来并分享。

创意评价

请参考表 1-3-5 对你的创意进行评价。

表 1-3-5

评价维度	评价星级（涂色）
创意数量	☆ ☆ ☆ ☆ ☆
创意方案	☆ ☆ ☆ ☆ ☆
创意分享	☆ ☆ ☆ ☆ ☆

创意完善

请仔细思考大家提出的意见，对自己的创意进行修改完善，直到小组成员满意。

应用拓展

典型应用

1. 围魏救赵：围魏可让魏兵回撤。

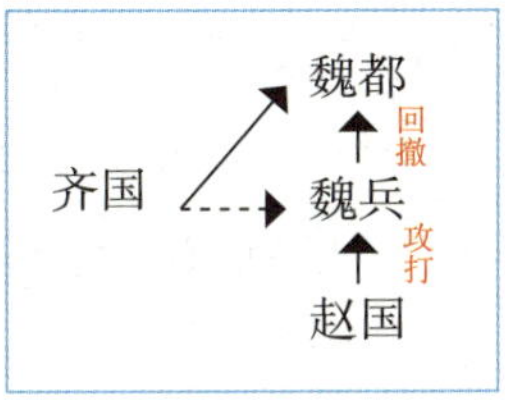

2. 曹冲称象：将称象转换为称石头。

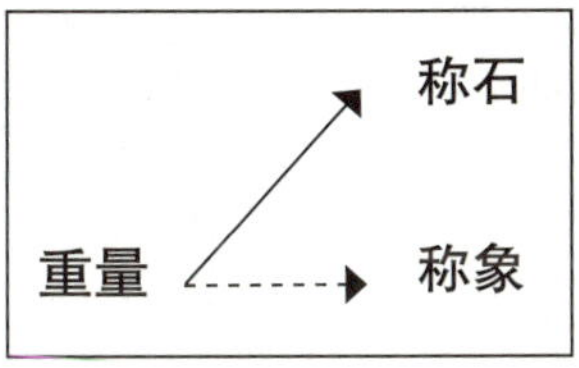

学以致用

请同学们想一想：我们还可以利用侧向思维来解决身边的哪些实际问题？如：

1. 红绿灯被遮挡问题；

2. ____________________；

3. ____________________；

4. ____________________。

拓展阅读 头脑风暴法

知识背景

头脑风暴法是指小组人员针对某个问题，在正常融洽和不受限制的气氛中以会议形式进行讨论、座谈，打破常规，积极思考，畅所欲言，充分发表看法，从而找到解决问题的办法，它是世界上最早付诸实用的一种创造技法，由美国的创造学者奥斯本创立。

头脑风暴就像向水中扔石子一样，溅起的水花落到水面上会再引起水花，也就是会引发连锁反应。每一个参与者围绕问题积极动脑、积极发言、相互激励，再加上主持人的有效引导，就会形成一个强大的“创意场”，好的点子、想法层出不穷。事实证明，有效地运用头脑风暴法可以极大地提高创意的效果，让人充分发挥积极性和主动性。

图 1-4-1　石子激起的水花

实施流程

1. 准备阶段。包括确认要讨论的主题、准备会场和组织人员。

在本阶段，首先要选定讨论的主题，确定主持人和记录员，以及参会人员（一般为 5—10 人，最好对会议内容一无所知），确定会议时间，并布置好场所。

2. 头脑风暴阶段。包括宣布主题和进行头脑风暴。

在本阶段，向参会人员介绍会议的基本原则，介绍本次会议的主题，由主持人引导参会人员提出构思，记录员将构思记录在案，直到各参会人员将所有构思提出为止。

3. 评价选择阶段。主要指会后评价和选择解决问题的创意。

在本阶段，以鉴别的眼光来讨论所有列出的构思，对会议记录进行整理分类，选择最合适的构思。

实施原则

头脑风暴法的实施要遵循四项原则，这四项原则是头脑风暴法的精华和核心：

图 1-4-2　头脑风暴现场

1. 自由畅想原则。大胆说出创意，不要考虑是否符合常规。

2. 延迟评判原则。对大家所提出来的点子、创意，相互之间不得评判，更不能提反对意见。

3. 以量求质原则。创新活动需要足够多的创意，数量足了，好的创意自然就会涌现出来，这如同到超市买鞋子，鞋子数量多、尺码全，很容易选到合适的。

4. 结合与改善原则。参加会议的人员不仅要提出自己的创意，同时也要动脑思考如何来改善别人的创意，吸收别人的优点形成更好的创意。

第二章

列举类发明技法

当你的思维不再囿于常规，当你的目光变得更加敏锐，你会发现，原来发明是如此简单！

只要你做个有心人，多去观察生活中的各种事物，发现它们的优点、缺点，然后在此基础上不断改进，许多新发明就会因此而诞生。

不过，看似简单的事情，似乎又没那么简单……

第一节　缺点列举法：安全记心中

思维启迪

问题背景

无论在生产或生活中，安全都是头等大事。人身安全、财产安全；消防安全、交通安全；校园安全、居家安全、公共安全……许多安全事故，起因都是一些细节被疏忽，最终酿成大祸。因此，防患于未然的安全意识是每个人都须紧绷在头脑中的一根弦。

你在生活中是否也发现了一些不安全的因素？如何对它们进行改进？

案例鉴赏

案例 1：一种安全型自动扶梯

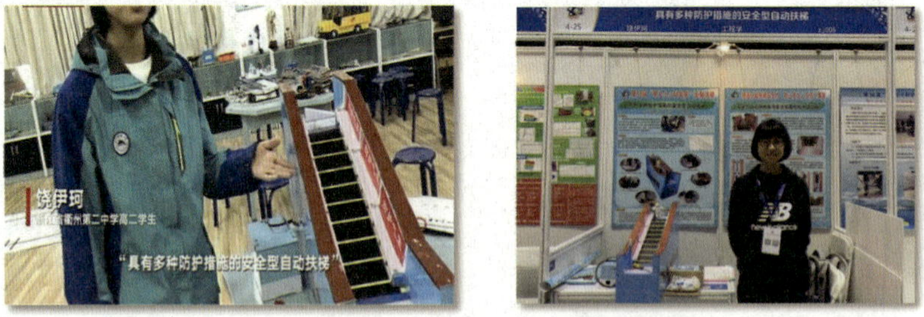

图 2-1-1　安全型自动扶梯

针对电梯“吞人”“夹人”情况，一位中学生发明了如图 2-1-1 所示的安全型自动扶梯。第一，防止把脚伸进扶梯边缘被缝隙卡住。一旦感应到孩子的脚放在了扶梯边缘，电梯马上发出警报。第二，防止井盖板松动，发生事故。当井盖板发生松动时，电梯马上急停并发出声音和灯光报警，防止“吞人”事件。第三，防止扶梯上的人员滑落摔伤。利用红外线和压力感应，一旦发现有人滑落，电梯两边将弹出气囊夹住摔倒人员。

案例 2：快速逃生隐形防盗网

图 2–1–2　高层快速逃生隐形防盗网

现在的住宅小区，一般都会安装隐形防盗网，但隐形防盗网有个不足之处，就是没有逃生口，因此发生火灾时非常危险。另外，没有逃生口也导致不方便到外墙作业，如维修冷气主机、清洁外墙瓷砖等。针对这种情况，有位小学生发明了如图 2–1–2 所示的高层快速逃生隐形防盗网，改变原来钢丝都固定在上下框架的方式，让上层框架可以自由翻转活动，再通过两个机械开关，控制上层框架的活动情况以控制钢丝的松紧。当发生火灾时，打开开关绷紧的钢丝变得松散，方便人迅速拆卸、制造大型逃生口等待救援。当情况危及生命时，可在逃生口借助登山扣利用钢丝迅速逃离到地面或没有火灾的楼层达到自救的效果。

你还能想到类似的案例吗？

分析与归纳

我们一起来对前面的案例进行分析、归纳，并将结果填写到表 2-1-1 中。

表 2-1-1

案　例	找出的缺点	改良措施
一种安全型自动扶梯		
快速逃生隐形防盗网		
共同点		

方法提炼

这种发明技法叫“缺点列举法”。

它是指将物品的缺点一一列出并归类整理，筛选出主要缺点，针对缺点加以分析，提出可行性的改革方案。

缺点列举法的应用步骤如下：创新对象—列举缺点—分析缺点—优化设计—创新成果。

使用缺点列举法时要注意：1. 缺点发现得越多越好，挑出主要的缺点；主体宜小不宜大。可以从性能、结构、形状、应用、材料、经济、美观等方面找。2. 根据原因找到解决的方法，最好是按照缺点、原因、解决办法和新方案等列出简明的表格，选择最佳或最适合的方案。

问题解决

明确任务

案例中介绍的两个发明都是针对物品安全方面的缺点进行改进而来的。在生活中，还有很多物品存在着安全隐患，请你尝试利用缺点列举法去改进它们。

任务

请选择以下其中一种物品去改进它存在的安全隐患：

1. 电梯；
2. 电吹风；
3. 燃气灶；
4. ________________。

组建团队

请你就以上主题与同学交流看法，找同样感兴趣的小伙伴组成团队，选择一个大家感兴趣的问题，确定主题。然后选出本次头脑风暴的主持人，做好分工，完成表 2-1-2。

表 2-1-2

确定主题	
成员分工	1. 主持人：
	2. 记录员：
	3. 整理员：

头脑风暴

由主持人主持，小组成员轮流发表观点。要用心倾听每个人的发言，并将其中的创意亮点记录在表 2–1–3 中。注意，不要批评别人哦！

表 2–1–3

小组成员	创意亮点

分类整理

听取汇报员的陈述，由整理员执笔，大家一起运用思维导图工具，对前面记录的创意亮点进行分类整理，完成图 2–1–3。

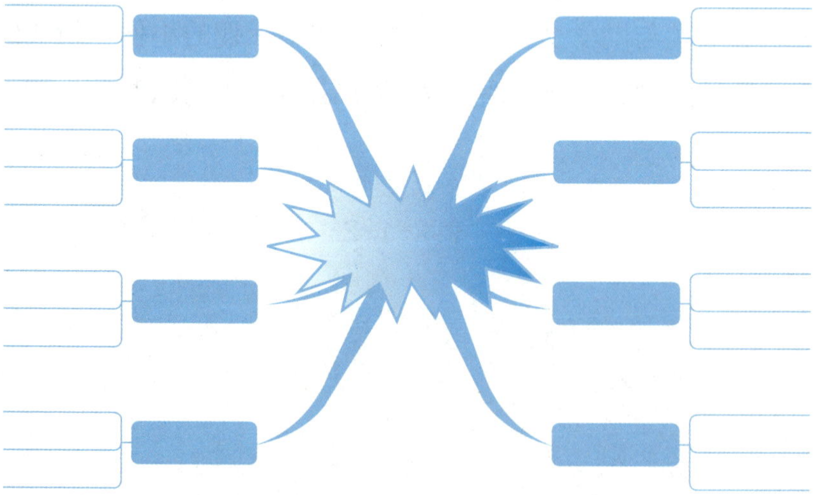

图 2–1–3　创意整理图

设计方案

请小组或个人选择感兴趣的问题，确定主题。尝试再次用头脑风暴，找出解决问题的创意亮点，并完成创意方案表（表 2-1-4）。

表 2-1-4

设计主题			
作　者		班　级	
设计图			
创新点			

创意查新

第一步：请将你的创意提炼出关键词——________、________、________；

第二步：请上中国国家知识产权局官网（http：//www.sipo.gov.cn/）进行查找。如果没有类似或类同的创意，那么恭喜你，请你赶紧申请专利或制作出来吧！如果有，就请你继续改进方案！

评价交流

创意分享

请以你自己最喜欢的方式来分享你的创意，可采用的分享方式有：

1. 在班上介绍自己的设计，并通过微信“朋友圈”、微博进行分享；
2. 围绕主题制作一张电子板报并分享；
3. 利用 3D 建模工具把创意设计出来并分享。

创意评价

请参考表 2–1–5 对你的创意进行评价。

表 2–1–5

评价维度	评价星级（涂色）
创意数量	☆☆☆☆☆
创意方案	☆☆☆☆☆
创意分享	☆☆☆☆☆

创意完善

请仔细思考大家提出的意见，对自己的创意进行修改完善，直到小组成员满意。

应用拓展

典型应用

雨伞的改造

1. 形状太单调——各式卡通造型伞、潘斯特头盔伞、各种瓶子形状雨伞等。

2. 色彩太普通——各种图案的伞、各式彩虹伞。

3. 骑自行车时打伞容易出事故——用于“车”的伞。

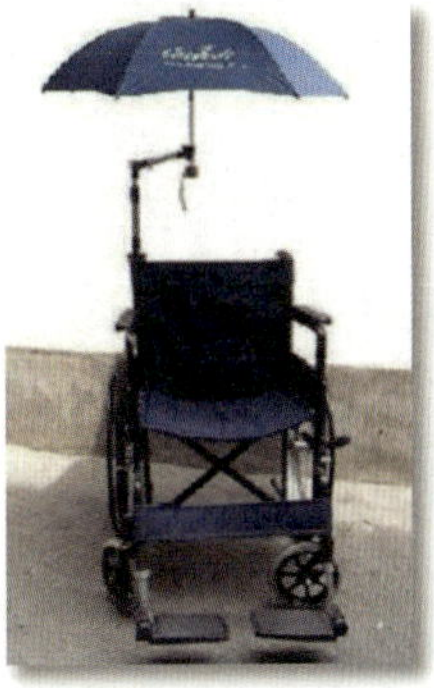

4. 夜间使用时看不见路——带灯光的伞。

学以致用

请同学们想一想：我们还可以利用缺点列举法来解决身边的哪些实际问题？如：

1. 老人用的拐杖；

2. ______________________________；

3. ______________________________；

4. ______________________________。

第二节 希望点列举法：关爱每个人

思维启迪

问题背景

社会中总有一些处于弱势的群体，需要予以特别的支持和帮助，比如儿童、老人和残障人士。目前，越来越多的设计开始关注特殊人群，比如在人行道中设置盲人道，电梯按键设有盲文，地铁站入口修建无障碍通道，公共洗手处设有高低盆方便儿童使用，火车站、商场等地方设有育婴室等。关爱特殊人群，这是社会文明进步的体现。

如何满足每一类人的个性化需求？你能因此想到哪些亟待解决的问题呢？

案例鉴赏

案例 1：献给外婆的爱——Eatwell 老人餐具

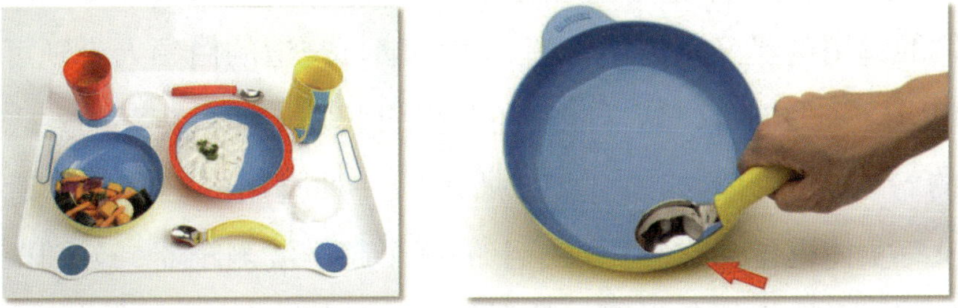

图 2-2-1　Eatwell 老人餐具

台湾设计师姚彦慈的外婆患上了阿尔茨海默症（俗称老年痴呆症），她为了让外婆正常地吃饭，设计了一套名叫 Eatwell 的餐具，如图 2-2-1 所示，专门为有认知障碍的特殊群体服务。在设计时，她根据这类人群吃饭时手抖动等问题，提出了多个希望点：能刺激患者的食欲、方便舀取食物与汤品、水杯不易倾倒、水杯吸管容易固定、勺子方便握住、能绑住围兜等。

针对这些希望点，她采取了以下设计：餐具用红、蓝、黄等缤纷色彩的对比来刺激患者食欲；碗向一边倾斜，使得汤类食物流向碗的一边，勺子形状与碗边缘的弧形完全吻合，方便舀取食物；水杯基部很宽并设计成橡胶底部，不易倾倒；水杯内部高低差设计方便吸管固定；勺柄弧度设计加宽，方便握住；托盘前方留孔，可绑住围兜。

这套餐具的设计，一方面方便了使用者进食，让被照顾者尽可能地独立使用餐具，维持并鼓励其自主性，另一方面也减轻了照顾者的负担。

案例 2：一种脚用的键盘

图 2-2-2　脚用键盘

手部有缺陷的人在用电脑时，肯定希望有一种用脚就可以输入的键盘，但有实物键位的脚用键盘又不方便；整天与电脑打交道的白领人士则可能希望有一种站着用脚输入的键盘，这样能避免久坐引起的疾病。东莞的蔡志坚同学针对这类人的希望，发明了如图 2-2-2 所示的一种脚用的键盘并申请了专利。这种键盘没有实体键位，它利用鞋子上的三个超声波测距器，分别探测出左、前、右的距离，系统根据已设置好的坐标系，计算出相对应的键位完成输入，可以满足他们的需求。

分析与归纳

我们一起来对前面的案例进行分析、归纳，并将结果填写到表 2-2-1 中。

表 2-2-1

案　例	提出的希望点	改良措施
Eatwell 老人餐具	例：刺激患者的食欲	餐具用红、蓝、黄等色彩
一种脚用的键盘		
共同点	提出＿＿＿＿＿＿，改进＿＿＿＿＿＿	

方法提炼

这种发明技法叫“希望点列举法”。

它是指通过提出对该问题事物的希望或理想，使问题和事物的本来目的聚合成焦点来加以考虑的技法。

希望点列举法的一般应用步骤：创新对象—列举希望点—整理分析—创新设计—创新成果。

问题解决

明确任务

以上两个发明都是对物品提出某方面的希望并对此进行了改进，我们可以利用希望点列举法去帮助特殊人群，让他们也能和正常人一样幸福地生活。

任务

请利用希望点列举法去设计以下其中一个物品。

1. 婴儿吃饭用的围兜；
2. 盲人用的手机；
3. 残疾人用的马桶；
4. ________________。

组建团队

请你就以上主题与同学交流看法，找同样感兴趣的小伙伴组成团队，选择一个大家感兴趣的问题，确定主题。然后选出本次头脑风暴的主持人，做好分工，完成表 2–2–2。

表 2–2–2

确定主题	
成员分工	1. 主持人：
	2. 记录员：
	3. 整理员：

头脑风暴

由主持人主持，小组成员轮流发表观点。要用心倾听每个人的发言，并将其中的创意亮点记录在表 2–2–3 中。

表 2-2-3

小组成员	创意亮点

分类整理

听取汇报员的陈述，由整理员执笔，大家一起运用思维导图工具，对前面记录的创意亮点进行分类整理，完成图 2-2-3。

图 2-2-3　创意整理图

设计方案

请小组或个人选择感兴趣的问题，确定主题。尝试再次用头脑风暴，找出解决问题的创意亮点，并完成创意方案表（表 2-2-4）。

表 2-2-4

设计主题			
作　者		班　级	
设计图			
创新点			

创意查新

第一步：请将你的创意提炼出关键词——________、________、________；

第二步：请上中国国家知识产权局官网（http：//www.sipo.gov.cn/）进行查找。如果没有类似或类同的创意，那么恭喜你，请你赶紧申请专利或制作出来吧！如果有，就请你继续改进方案！

评价交流

创意分享

请以你自己最喜欢的方式来分享你的创意，可采用的分享方式有：

1. 在班上介绍自己的设计，并通过微信“朋友圈”、微博进行分享；
2. 围绕主题制作一张电子板报并分享；
3. 利用 3D 建模工具把创意设计出来并分享。

创意评价

请参考表 2-2-5 对你的创意进行评价。

表 2-2-5

评价维度	评价星级（涂色）
创意数量	☆☆☆☆☆
创意方案	☆☆☆☆☆
创意分享	☆☆☆☆☆

创意完善

请仔细思考大家提出的意见，对自己的创意进行修改完善，直到小组成员满意。

应用拓展

典型应用

晾衣架的改造

1. 希望能同时晾晒更多的衣服。

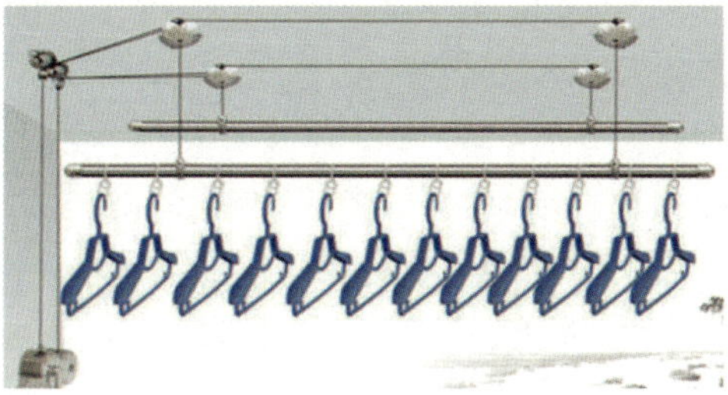

2. 希望能占用更少的空间。

学以致用

请同学们想一想：我们还可以利用希望点列举法来解决身边的哪些实际问题？如：

1. 自行车；
2. ______________________________；
3. ______________________________；
4. ______________________________。

第三节 属性列举法：便利旅行路

思维启迪

问题背景

读万卷书，行万里路。世界之大，总吸引着我们到处去看看。当你收拾着行囊，准备四处游历一番时，可曾为出行路上的种种意外而担心过？当你到达一个陌生的城市和住处，在新奇之余，你可曾有过一些生活不便的困扰？可伸缩的衣架、洗衣盆、水杯等便携式物品就是专门为外出旅行的人而设计的。

你是否有一些好点子，让我们的旅途更加轻松愉快？

案例鉴赏

各种各样的行李箱

大部分人应该都不知道，拉杆箱的发明比登月要晚得多。是的，人类首次登上月球的时候，还没有可以拉着走的箱子。

一个行李箱，乍一看没有什么可改进的。但是，把行李箱的构造和性能按要求列出，再一一检查后进行改良，就会使人豁然开朗，引出新的构思。

看看一个普通的行李箱是怎样变身的。

第一组	 木制行李箱	 皮革行李箱	 塑料行李箱

第二组	 木马行李箱	 拉绳行李箱	 拉杆行李箱
第三组	 电动行李箱	 可骑行的行李箱	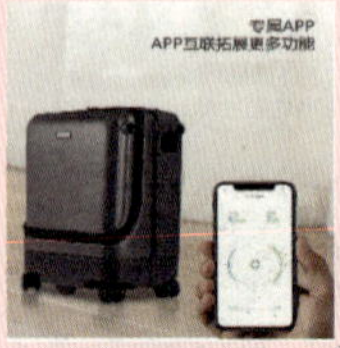 自动跟随行李箱

分析与归纳

我们一起来对前面的案例进行分析、归纳，并将结果填写到表 2-3-1 中。

表 2-3-1

组　别	产品的属性	变化过程
第一组		
第二组		
第三组		
共同点		

方法提炼

这种发明技法叫“属性列举法”。

它是指列举事物的所有属性，针对这些属性来进行创造思考的方法。

属性列举法的应用要点：创新对象—列举重要部分或零件的属性—改变属性—创新设计—创新成果。

通常把研究对象的特性分为三种方式：

1. 名词特性——事物的组成部分、材料、要素等；
2. 形容词特性——事物的性质、形状、颜色、状态等；
3. 动词特性——事物的功能。

问题解决

明确任务

上述案例中，人们不断地改变行李箱的属性，疯狂地拓展行李箱的使用场景，让我们的生活越来越方便。你能根据学到的方法进一步挖掘旅行用品的潜在使用方法吗？

任务

请利用属性列举法去设计以下其中一个物品：

1. 背包；
2. 旅行充电器；
3. 登山鞋；
4. ______________________________。

组建团队

请你就以上主题与同学交流看法，找同样感兴趣的小伙伴组成团队，选择一个大家感兴趣的问题，确定主题。然后选出本次头脑风暴的主持人，做好分工，完成表 2-3-2。

表 2-3-2

确定主题		
成员分工	1. 主持人：	
	2. 记录员：	
	3. 整理员：	

头脑风暴

由主持人主持，小组成员轮流发表观点。要用心倾听每个人的发言，并将其中的创意亮点记录到表 2-3-3 中。注意，不要批评别人哦！

表 2-3-3

小组成员	创意亮点

分类整理

听取汇报员的陈述，由整理员执笔，大家一起运用思维导图工具，对前面记录的创意亮点进行分类整理，完成图 2-3-1。

图 2-3-1　创意整理图

设计方案

请小组或个人选择感兴趣的问题，确定主题。尝试再次用头脑风暴，找出解决问题的创意亮点，并完成创意方案（表 2-3-4）。

表 2-3-4

设计主题			
作　者		班　级	
设计图			
创新点			

创意查新

第一步：请将你的创意提炼出关键词——________、________、________；

第二步：请上中国国家知识产权局官网（http：//www.sipo.gov.cn/）进行查找。如果没有类似或类同的创意，那么恭喜你，请你赶紧申请专利或制作出来吧！如果有，就请你继续改进方案！

评价交流

创意分享

请以你自己最喜欢的方式来分享你的创意，可采用的分享方式有：

1. 在班上介绍自己的设计，并通过微信“朋友圈”、微博进行分享；
2. 围绕主题制作一张电子板报并分享；
3. 利用 3D 建模工具把创意设计出来并分享。

创意评价

请参考表 2–3–5 对你的创意进行评价。

表 2–3–5

评价维度	评价星级（涂色）
创意数量	☆ ☆ ☆ ☆ ☆
创意方案	☆ ☆ ☆ ☆ ☆
创意分享	☆ ☆ ☆ ☆ ☆

创意完善

请仔细思考大家提出的意见，对自己的创意进行修改完善，直到小组成员满意。

应用拓展

典型应用

表 2-3-6　用属性列举法对风扇进行的创新设计

对电风扇进行特性列举		提出改进新设想
名词特性	整体：落地式电风扇 部件：电机、扇叶、网罩、立柱、底座、控制器 材料：钢、铝合金、铸铁 制造方法：铸造、机加工、手工装配	A：扇叶能否增加？→前后轴上装相同的两个扇叶——双叶电风扇 B：扇叶材料能否改变？→用檀香木加中药浸剂浸泡——保健风扇 C：调节风速大小和转速高低的控制按钮能否改进？→改成遥控式和加上微电脑——遥控风扇、智能风扇
形容词特性	性能：风量、转速、转角范围 外观：圆形网罩、圆形截面立柱、圆形底座 颜色：浅蓝、米黄、象牙白	A：有级调速改为无级调速→无级调速风扇 B：改变网罩的外形→椭圆形、方形、菱形、动物造型风扇 C：外表涂色能否多样化？→采用变色材料的迷幻式电风扇
动词特性	功能：扇风、调速、摇头、升降	A：添加驱赶蚊子功能→防蚊风扇 B：添加制热功能→冷热两用扇 C：添加消毒功能→消毒净化电风扇 D：添加保健功能→理疗保健风扇

学以致用

请同学们想一想：我们还可以利用属性列举法对身边的物品进行哪些新的设计？如：

1. 筷子；

2. ______________________________；

3. ______________________________；

4. ______________________________。

拓展阅读 查新方法

什么是查新

查新是科技查新的简称，是针对某一特定的研究课题进行的，首先通过计算机检索和人工检索等手段查出国内外公开发表的与该课题相关的文献，再对查出的文献与被查课题进行对比分析，最后根据分析结果对被查课题的“新颖性”进行判定。

为什么要查新

查新的目的就是看我们的课题是否有人做过，他们与我们做的有什么相同点或者不同点，即我们的课题是否具有继续开展的必要。

如何查新

查新有很多种方式方法，可以付费请专业机构查询，也可以自己上网查询。在国家知识产权局的网站进行专利查询，可满足一般的需求。

图 2-4-1　国家知识产权局网站

下面以发明作品《顺风出租车》查新为例：

1. 首先找出项目创新点关键词和搜索组合方式，并用词描述出来。如：出租车计价器；

2. 进国家知识产权局下面的专利搜索页面；

3. 点击注册，注册一个账号，方便下载相关专利文件；

4. 注册好用户名之后，重新登录；

5. 登录成功后，点击“常规检索”，在检索对话框里，输入“出租车计价器”，点击“检索”，就会出现很多跟出租车计价器有关的专利介绍；

6. 点击页面中的“详览”，进入该项发明信息介绍；

7. 点击“下载”，把专利的相关文本下载下来阅读，了解该专利的情况。

图 2-4-2　国家知识产权局

第三章

组合类发明技法

生活中，你是不是常常有着这样的念头：如果这样东西还能有别的功能就更好了。

因此，多功能的组合，成为发明的一种重要方法。

第一节 主体附加法：生活好习惯

思维启迪

问题背景

早上闹钟响了，你却始终不愿起床，被妈妈一通教训；听着老师的课，你手中的笔总在不自主地转动，被老师狠瞪了两眼；做着作业，头不自觉地低了下去，鼻梁上的眼镜越来越厚……当你因为以上事情被父母老师批评时，你的心里一定一边埋怨着父母的唠叨，一边又不得不承认他们说得都很对。其实如果这些生活细节从一开始就做得很好并变成了习惯，问题解决起来往往比你想象的更容易。

可是，怎样才能帮助我们养成良好的习惯？

案例鉴赏

案例 1：防近视护眼台灯

图 3-1-1　防近视护眼台灯

学生近视的一个重要原因，是学习时间过长时头会不自觉地离书本越来越近。为此，东莞两个中学生设计了一款如图 3–1–1 所示的防近视护眼台灯。该护眼台灯通过配置红外测距传感器，自动检测用户头的位置，当低于一定高度时即发出报警信息；同时当用户持续使用台灯时间较长时，可提醒用户休息。

案例 2：儿童电动计时牙刷

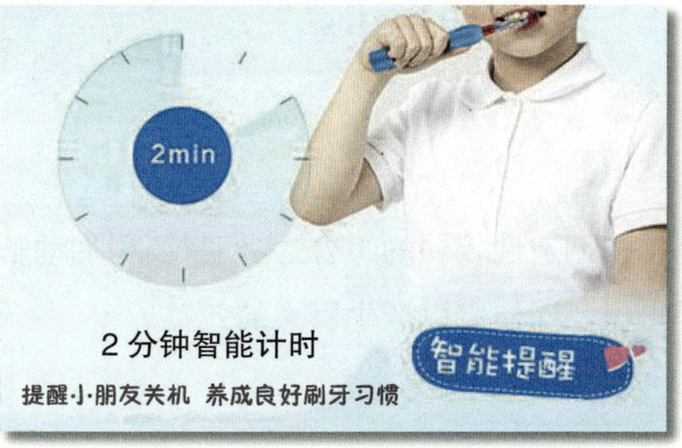

图 3–1–2　儿童电动计时牙刷

儿童在 2—3 岁时便可以开始学习刷牙，但因为不懂得刷牙的重要性，小宝宝常常会随便刷两下就算了。长此以往，不利于牙齿健康。图 3–1–2 是一种儿童电动计时牙刷，它在普通牙刷的基础上增加了电动功能，让刷牙变得更轻松；2 分钟的智能计时，有利于督促孩子刷够时间，从而养成良好的刷牙习惯。

分析与归纳

我们一起来对前面的案例进行分析、归纳，并将结果填写到表 3–1–1 中。

表 3–1–1

案　例	附加功能	解决途径
防近视护眼台灯		
儿童电动计时牙刷		
共同点		

方法提炼

这种发明技法叫“主体附加法”。

它是指以某事物为主体，再添加另一附属事物，以实现组合创新的技法。

主体附加法是一种创造性较弱的组合，人们只要稍加动脑和动手就能实现，但只要附加物选择得当，同样可以产生巨大的效益。

问题解决

明确任务

生活中还需要养成许多的好习惯。请你选择一个方面，利用主体附加法进行设计。

任务

请选择以下物品中的一种为主体，通过主体附加法进行创新设计，以帮助我们养成一些好习惯。

1. 闹钟；
2. 杯；
3. 笔；
4. ____________________。

组建团队

请你就以上任务与同学交流看法，找同样感兴趣的小伙伴组成团队，选择一个大家感兴趣的问题，确定主题。然后选出本次头脑风暴的主持人，做好分工，完成表 3–1–2。

表 3–1–2

确定主题	设计一个____________的______。
成员分工	1. 主持人：
	2. 记录员：
	3. 整理员：

头脑风暴

由主持人主持，小组成员轮流发表观点。要用心倾听每个人的发言，并将其中的创意亮点记录到表 3–1–3 中。注意，不要批评别人哦！

表 3–1–3

小组成员	创意亮点

分类整理

听取汇报员的陈述，由整理员执笔，大家一起运用思维导图工具，对前面记录的创意亮点进行分类整理，完成图 3-1-3。

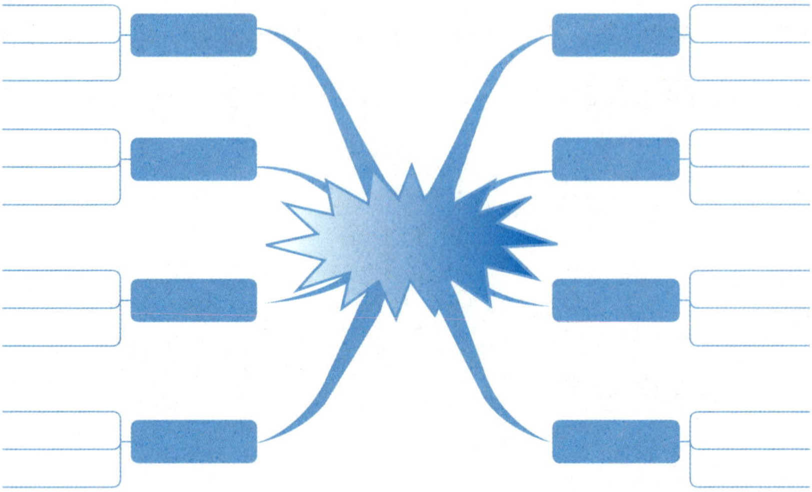

图 3-1-3　创意整理图

设计方案

请小组或个人选择感兴趣的问题，确定主题。尝试再次用头脑风暴，找出解决问题的创意亮点，并完成创意方案表 3-1-4。

表 3-1-4

设计主题			
作　者		班　级	
设计图			
创新点			

创意查新

第一步：请将你的创意提炼出关键词——________、________、________；

第二步：请上中国国家知识产权局官网（http：//www.sipo.gov.cn/）进行查找。如果没有类似或类同的创意，那么恭喜你，请你赶紧申请专利或制作出来吧！如果有，就请你继续改进方案！

评价交流

创意分享

请以你自己最喜欢的方式来分享你的创意，可采用的分享方式有：

1. 在班上介绍自己的设计，并通过微信“朋友圈”、微博进行分享；
2. 围绕主题制作一张电子板报并分享；
3. 利用 3D 建模工具把创意设计出来并分享。

创意评价

请参考表 3–1–5 对你的创意进行评价。

表 3–1–5

评价维度	评价星级（涂色）
创意数量	☆☆☆☆☆
创意方案	☆☆☆☆☆
创意分享	☆☆☆☆☆

创意完善

请仔细思考大家提出的意见，对自己的创意进行修改完善，直到小组成员满意。

应用拓展

典型应用

计数跳绳和发光运动鞋

1. 带计数器的跳绳。浙江省新昌县中心学校的潘明赟同学，在跳绳运动的测验和比赛中，总觉得计数是一件麻烦的事情。于是，她利用录音机里的机械计数器作为计数装置，附加在跳绳的绳把上。在跳绳的带动下，计数器的联动装置会自动把跳绳次数记录下来。

2. 发光运动鞋。生产名牌运动鞋的德国某公司，曾推出一种附加隐藏式电池和串灯发光装置的运动鞋。行走时，鞋跟触地便会发光闪亮，在夜间能远距离引起过往车辆司机和行人的注意，适合青年学生特别是晚间慢跑者穿着。

学以致用

请同学们想一想：我们还可以尝试利用主体附加法，围绕以下主体去设计哪些物品解决身边更多的实际问题？如：

1. 椅子；

2. ____________________；

3. ____________________；

4. ____________________。

第二节 信息交合法：文具多功能

思维启迪

问题背景

一个小小的曲别针，你能说出多少种用法？手头的文具盒，你是否也希望它如孙猴子一般变出许多的妙用来？每天背着沉沉的书包进出校园时，可曾想过，如果将许多文具简单而巧妙地组合在一起，是不是会让我们的负担变得更轻呢？

案例鉴赏

案例 1：曲别针的一物多用

1983 年 7 月，在南宁召开的中国创造学第一届学术讨论会上，一位日本专家村上先生骄傲地说曲别针有三百种用法。中国教授许国泰不满于其自负的样子，说还能举出三千甚至三万种用途。他将解释的若干信息加以排序，如材质、重量、体积、长度、截面、韧性、颜色、弹性、硬度、直边、弧度等，组成了信息标 x 轴；又把与曲别针相关的人类实践加以排序，如数学、文字、物理、化学、音乐、美术、磁、电等，并将它们连成信息标 y 轴；两轴相交并垂直延伸，就组成了“信息反应场”，如图 3–2–1 所示，只要将两轴各点上的要素依次“相交合”，就会产生出人们意想不到的无数的新信息。

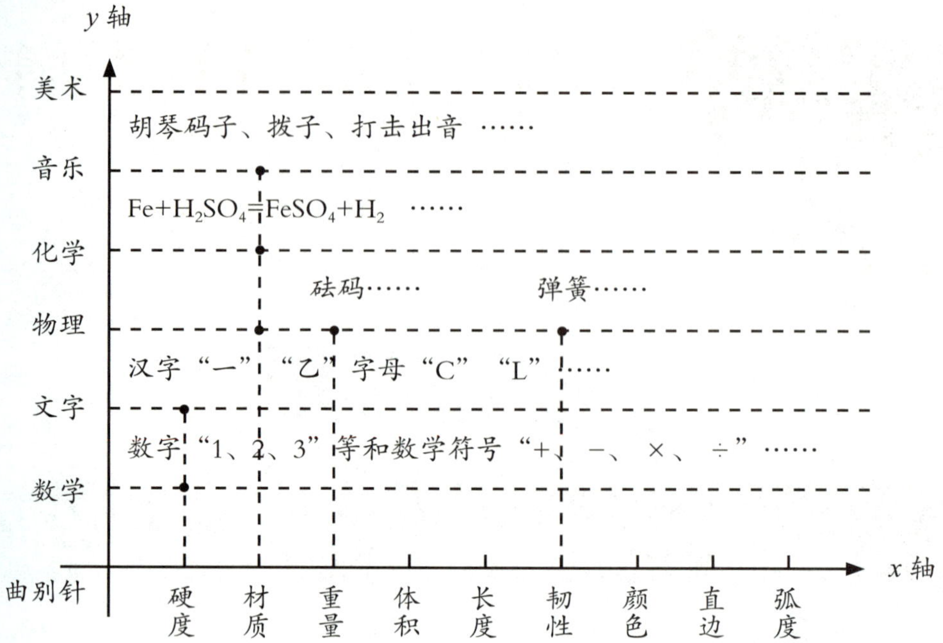

图 3-2-1　曲别针的一物多用

如将 y 轴的数学点，与 x 轴上的硬度点相交，曲别针可弯成数字“1、2、3”等和数学符号“+、−、×、÷”等，用来进行四则运算。再比如，y 轴上的电与 x 轴上的长度相交，曲别针就可以变成导线、开关、铁绳等。一个小小的曲别针就有了无穷无尽的用法。

案例 2：多功能尺

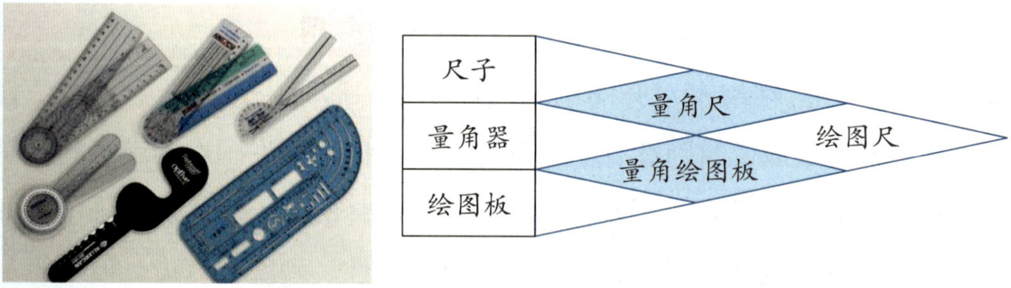

图 3-2-2　多功能尺

如图3-2-2，小小的直尺只能画直线量线段，但做成折叠尺可大大延长尺子的长度，且可以根据夹角的不同变成量角器；量角器上加上一些镂空图案，又变成了量角绘图板，再附上刻度，就变成了兼具量角、绘图功能的多功能尺子。

分析与归纳

我们一起来对前面的案例进行分析、归纳，并将结果填写到表 3-2-1 中。

表 3-2-1

案 例	功能举例	组合方式
曲别针的一物多用		
多功能尺		
共同点		

方法提炼

这种发明技法叫“信息交合法”。

它是指在掌握一定信息的基础上，利用已有的和引进的信息进行交合或联系而获得新信息，实现新创造。

信息交合法可分为平面坐标交合法（如案例1）、成对列举交合法（如案例2）等，往往采用强制联想的方式，将功能进行组合。组合时可从不同的方面进行交合：

1. 不同信息、相同联系所产生的构象。比如，轮子与喇叭是两个不同信息，但交合在一起组成了汽车，轮子可行走，喇叭则发出声音表示“警告”。

2. 相同信息、不同联系产生的构象。比如，同样是“灯”，可吊、可挂、可随身携带（手电筒），也可做成无影灯。

3. 不同信息、不同联系产生的构象。比如，独轮自行车本来与盒、碗、勺没有必然联系，但杂技演员将它们交合在一起，构成了杂技节目这一物象。

问题解决

明确任务

仔细想想生活中还有哪些物品可以一物多用，并试着将它们巧妙地融入到设计当中。你也可以尝试利用信息交合法对以下某个物品进行设计。

任务

请选择以下的一种文具进行创新设计：

1. 笔盒；
2. 圆规；
3. 文件袋；
4. ________________。

组建团队

请你就以上主题与同学交流看法，找同样感兴趣的小伙伴组成团队，选择一个大家感兴趣的问题，确定主题。然后选出本次头脑风暴的主持人，做好分工，完成表 3-2-2。

表 3-2-2

确定主题	
成员分工	1. 主持人：
	2. 记录员：
	3. 整理员：

头脑风暴

由主持人主持，小组成员轮流发表观点。要用心倾听每个人的发言，并将其中的创意亮点记录在表 3–2–3 中。注意，不要批评别人哦！

表 3–2–3

小组成员	创意亮点

分类整理

听取汇报员的陈述，由整理员执笔，大家一起运用平面坐标工具，对前面记录的创意亮点进行分类整理，并尝试进行组合联想，参考图 3–2–1 的方法完成图 3–2–3。

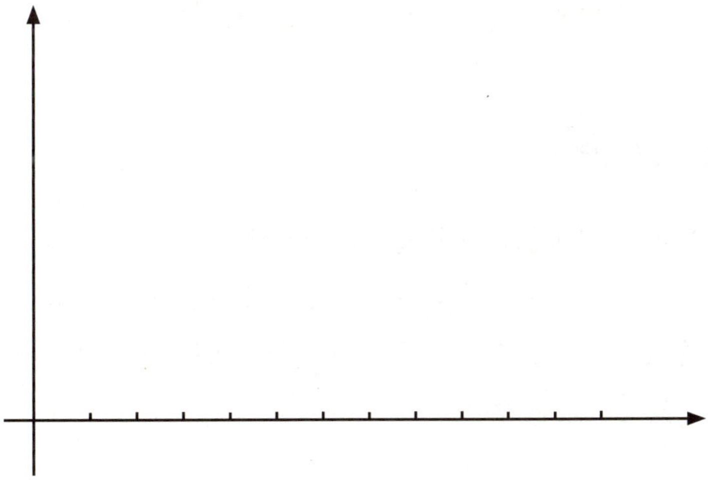

图 3–2–3　创意整理图

设计方案

请小组或个人选择感兴趣的问题，确定主题。尝试再次用头脑风暴，找出解决问题的创意亮点，并完成创意方案表 3-2-4。

表 3-2-4

设计主题			
作　者		班　级	
设计图			
创新点			

创意查新

第一步：请将你的创意提炼出关键词——＿＿＿＿、＿＿＿＿、＿＿＿＿；

第二步：请上中国国家知识产权局官网（http：//www.sipo.gov.cn/）进行查找。如果没有类似或类同的创意，那么恭喜你，请你赶紧申请专利或制作出来吧！如果有，就请你继续改进方案！

评价交流

创意分享

请以你自己最喜欢的方式来分享你的创意，可采用的分享方式有：

1. 在班上介绍自己的设计，并通过微信“朋友圈”、微博进行分享；
2. 围绕主题制作一张电子板报并分享；
3. 利用 3D 建模工具把创意设计出来并分享。

创意评价

请参考表 3-2-5 对你的创意进行评价。

表 3-2-5

评价维度	评价星级（涂色）
创意数量	☆☆☆☆☆
创意方案	☆☆☆☆☆
创意分享	☆☆☆☆☆

创意完善

请仔细思考大家提出的意见，对自己的创意进行修改完善，直到小组成员满意。

应用拓展

典型应用

多功能组合床柜

为充分利用每一寸空间，组合家具应运而生。为了兼具有大容量的储物空间，又有书柜、书桌等实用的功能，在设计时可以成对列举交合信息组合出床柜、书桌柜、床头桌等，图 3-2-4 是其中一种组合床柜的设计。

图 3-2-4　组合床柜的设计

学以致用

请同学们想一想：我们还可以利用信息交合法去解决身边的哪些实际问题？如：

1. 塑料袋；

2. ______________________________；

3. ______________________________；

4. ______________________________。

第三节 焦点组合法：校园好帮手

思维启迪

问题背景

我们每天在校园中愉快地学习和生活。教室里的陈设虽简单明了，但细致来看，仍有许多值得琢磨的地方。随着信息化设备的不断更新，单是黑板，也由简单的仅供粉笔书写的黑色木板，历经了水磨玻璃、磁性黑板、水笔白板、交互式电子白板、一体机电脑屏幕等多种变化。除此之外，讲台、课桌、书包、文具……这些校园中再熟悉不过的事物，细究起来，都仍有许多可改进之处。

环顾一下身边的校园，你有没有一些新的想法和创意呢？

案例鉴赏

课桌与汽车的组合

在这里，我们以“小汽车”为参考物来设计“新型课桌”，按以下步骤来提出新型课桌的设想方案。

第一步，列出小汽车的各种特征（如图 3–3–1），再由这些特征出发进行发散联想。

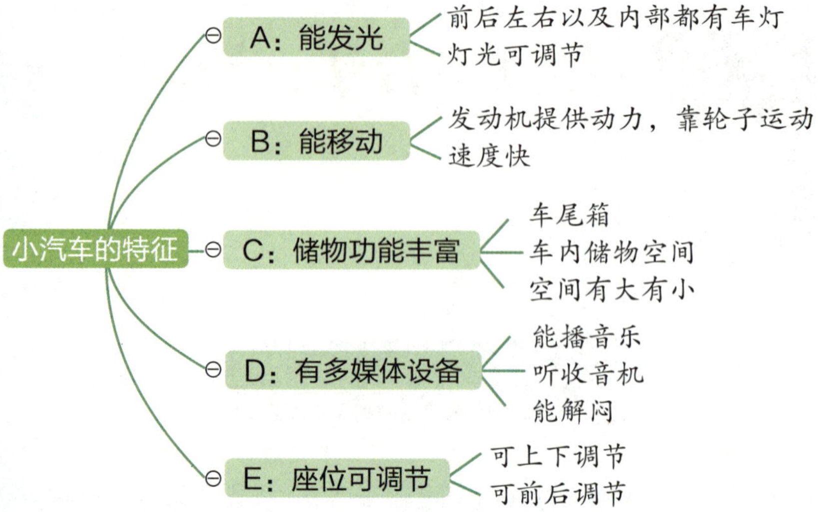

图 3–3–1　小汽车的特征

第二步，将列出的各种特征焦点和新型课桌联系，并由此进行组合性联想，得到表 3–3–1 中的方案。

表 3–3–1

选择的特征	联想结果	新功能
选 A：能发光	带灯的新型课桌	当遇到室内光线昏暗或者晚自习突然没电时，能提供照明
选 B：能移动	带轮子的课桌	定期换位置时，可以将课桌和书本一起运走
选 C：储物功能丰富	带“后备箱”的新式办公桌	可折叠的；材质轻巧 + 折叠设计，是一个很好的储物柜
选 D：有多媒体设备	带物联网功能的课桌	课桌就是屏幕，课前可以上网查阅资料进行预习，课后可以学习相关微课进行复习，还可以作为教师和学生相联系的终端
选 E：座位可调节	可调节高矮的课桌	可以随时调节，根据不同的学习状态调节出不同的高度，让学生在更加舒适的环境中学习

第三步，继续进行联想发散，并将结果再次与课桌进行强制组合，如图 3–3–2。

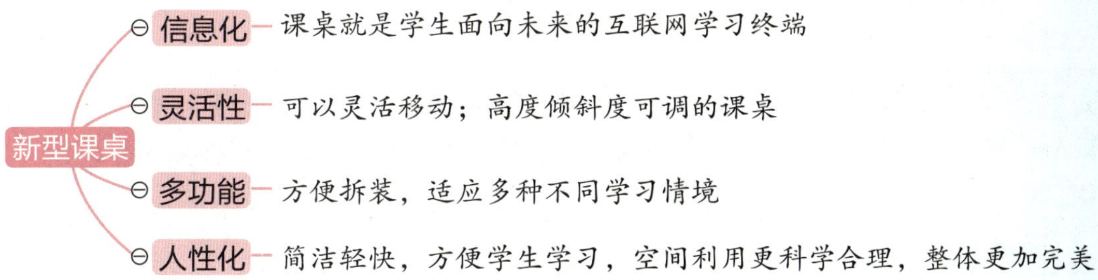

图 3-3-2 新型课桌的特性

第四步，将列出的各种启发性特征与新型课桌重新联系和分析，可以得到表 3-3-2 的方案。

表 3-3-2

选择的特征	新功能
方案 A：流线型 + 灵活的 + 课桌	外形漂亮、空间宽敞、配置丰富的“汽车”课桌，是一个移动的办公室，它是一个灵活舒适，带有可折叠的“后备箱”的新式课桌
方案 B：高度、倾斜度可调 + 一体化 + 合理层次化的多功能课桌	将具体功能进行局部细分，做成局部可调高度、角度。具有视觉上一致性效果，营造空简层次感
方案 C：信息化＋灵活性＋多功能＋节约空间的办公桌	课桌可以做成节约空间的圆球形状，桌面为触摸屏，内置电脑模块和无线模块，让课桌成为学生面向未来的“智能终端”
结　论	经过筛选，以信息化、灵活化、多功能、人性化为设计的要点，汽车型的课桌、可调节高度和倾斜度的课桌、智能课桌成为创新发明的目标

分析与归纳

对前面的案例进行分析、归纳，并将结果填写到表 3-3-3 中。

表 3-3-3

案　例	参考物特性	组合结果
设计新型课桌	例：能发光	例：带灯的新型课桌
操作特点		

方法提炼

这种发明技法叫"焦点组合法"。

它是指将要解决的问题作为焦点，随便选择一个事物做参考物，通过参考物和焦点之间的强制联想获得新设想、新方案的方法。

焦点组合法的操作程序：

1. 选择研究对象，并以此作为研究焦点；
2. 选择任一个物体为参考物；
3. 列出参考物的各种特征，再由这些特征出发进行发散联想；
4. 把由这一事物引起的联想与焦点联系，一一进行组合，并列出设想方案；
5. 修改、完善设想方案。

问题解决

明确任务

仔细想想在学校生活中还有哪些常用的物品可以进一步改进。请你尝试利用焦点组合法对以下某个物品进行设计。

任务

请选择以下其中一种物品进行创新设计：

1. 黑板；
2. 讲台；
3. 运动器械；
4. ____________________。

组建团队

请你就以上主题与同学交流看法，找同样感兴趣的小伙伴组成团队，选择一个大家感兴趣的问题，确定主题。然后选出本次头脑风暴的主持人，做好分工，完成表 3–3–4。

表 3–3–4

确定主题	
成员分工	1. 主持人：
	2. 记录员：
	3. 整理员：

头脑风暴

由主持人主持，小组成员轮流发表观点。要用心倾听每个人的发言，并将其中的亮点记录在表 3–3–5。注意，不要批评别人哦！

表 3–3–5

小组成员	参考物特性	组合结果

分类整理

听取汇报员的陈述，由整理员执笔，大家一起运用思维导图工具，对前面记录的创意亮点进行分类整理，完成图 3–3–3。

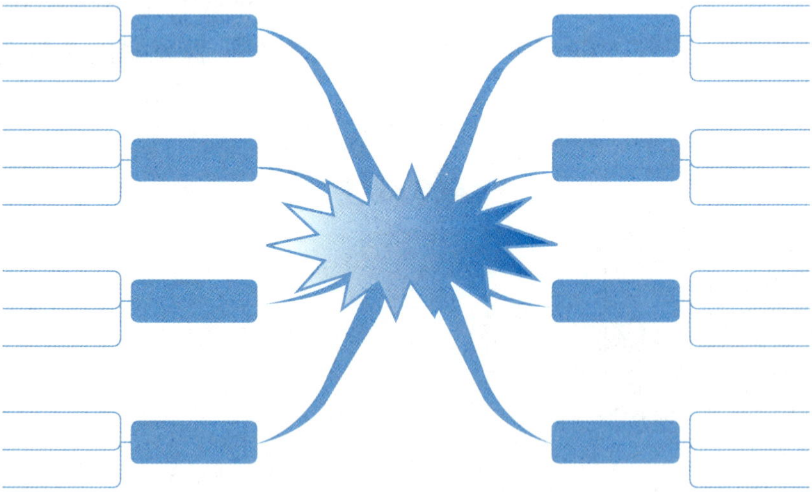

图 3–3–3　创意整理图

设计方案

请小组或个人选择感兴趣的问题，确定主题。尝试再次用头脑风暴，找出解决问题的创意亮点，并完成创意方案表（表 3-3-6）。

表 3-3-6

设计主题			
作　者		班　级	
设计图			
创新点			

创意查新

第一步：请将你的创意提炼出关键词——________、________、________；

第二步：请上中国国家知识产权局官网（http：//www.sipo.gov.cn/）进行查找。如果没有类似或类同的创意，那么恭喜你，请你赶紧申请专利或制作出来吧！如果有，就请你继续改进方案！

评价交流

创意分享

请以你自己最喜欢的方式来分享你的创意，可采用的分享方式有：

1. 在班上介绍自己的设计，并通过微信“朋友圈”、微博进行分享；
2. 围绕主题制作一张电子板报并分享；
3. 利用 3D 建模工具把创意设计出来并分享。

创意评价

请参考表 3–3–7 对你的创意进行评价。

表 3–3–7

评价维度	评价星级（涂色）
创意数量	☆ ☆ ☆ ☆ ☆
创意方案	☆ ☆ ☆ ☆ ☆
创意分享	☆ ☆ ☆ ☆ ☆

创意完善

请仔细审视大家提出的意见，对自己的创意进行修改完善，直到小组成员满意。

应用拓展

典型应用

超声波碎石器

英国一家医疗研究中心提出了一项不需外科手术而粉碎人体内结石的发明。这项发明是把两个原理巧妙地结合起来而得到的。它的原理是超声波可以粉碎岩石，当然也可以粉碎人体内的结石。但如果把超声波加强到能够粉碎人体内的结石时，人体也会损伤。用什么方法，既能粉碎结石，又不损伤人体呢？他们想到了椭球内，一个焦点发出的光线或波会在另一个焦点聚焦的原理。根据这两个原理，他们建一个水槽，让结石病人躺在其中，使体内结石处于椭球内的一个焦点上，在另一焦点发射超声波。经过约 1 分钟的超声波冲击，体内的结石就会化成小碎块，然后通过服用药物排出体内。

学以致用

请同学们想一想：我们还可以利用焦点组合法对身边的物品进行哪些新的设计？如：

1. 筷子；

2. ____；

3. ____；

4. ____。

拓展阅读 知识产权与专利

什么是知识产权

知识产权是指对从事智力创作或创新活动所产生的知识产品所享有的专有权利，一般只在有限时间内有效。各种智力创造比如发明、外观设计、文学和艺术作品，以及在商业中使用的标志、名称、图像，都可被认为是某一个人或组织所拥有的知识产权。

知识产权的类型及特点

1. 知识产权的分类：专利权、商标权和著作权。

2. 知识产权的特点：（1）是一种无形财产；（2）专有性；（3）时间性；（4）地域性；（5）大部分知识产权的获得需要法定的程序，比如，商标权的获得需要经过登记注册。但著作权实行自愿登记，不论作品是否登记，作者或其他著作权人依法取得的著作权不受影响。

专利权及其申请

专利是指一项发明创造向国家审批机关提出专利申请，经依法审查合格后向专利申请人授予的在规定的时间内对该项发明创造享有的专有权。

1. 专利的分类

（1）发明专利，是指对产品、方法或者其改进所提出的新的技术方案。

（2）实用新型专利，是指对产品的形状、构造或者其结合所提出的适于实用的新的技术方案。

（3）外观设计专利，是指对产品的形状、图案或者其结合以及色彩与形状、图案的结合所做出的富有美感并适于工业应用的新设计。

2. 专利的特点

（1）专有性，即具有独占的排他性。非专利权人要想使用他人的专利技术，必须依法征得专利权人的同意或许可。

（2）地域性，一个国家依照其专利法授予的专利权，仅在该国法律的管辖的范围内有效，对其他国家没有任何约束力，外国对其专利权不承担保护的义务，如果一项发明创造只在我国取得专利权，那么专利权人只在我国享有独占权或专有权。

（3）时间性，我国的发明专利权期限为20年，实用新型专利权和外观设计专利权期限为10年，均自申请日起计算。

图 3-4-1　国家知识产权局专利局专利审查协作广东中心

3. 专利的申请

（1）申请原则，授予专利权的发明和实用新型，应当具备新颖性、创造性和实用性，但是不需要做出实物。

新颖性，是指该发明或者实用新型不属于现有技术，也没有任何单位或者个人就同样的发明或者实用新型在申请日以前向国务院专利行政部门提出过申请，并记载在申请日以后公布的专利申请文件或者公告的专利文件中。

创造性，是指与现有技术相比，该发明具有突出的实质性特点和显著的进步，该实用新型具有实质性特点和进步。

实用性，是指该发明或者实用新型能够制造或者使用，并且能够产生积极效果。

（2）申请方式与步骤：专利的申请一般可以自行申请或寻找专业代理机构申请，都包括以下申请步骤：

第一，编写专利申请文件，包括以下文件：委托书（代理申请）、请求书、摘要及摘要附图、权利要求书、说明书及说明书附图、费用减缓请求书（符合条件时）；第二，文件送达及受理；第三，支付专利申请费；第四，实质性审查和公布；第五，授权及支付年费。

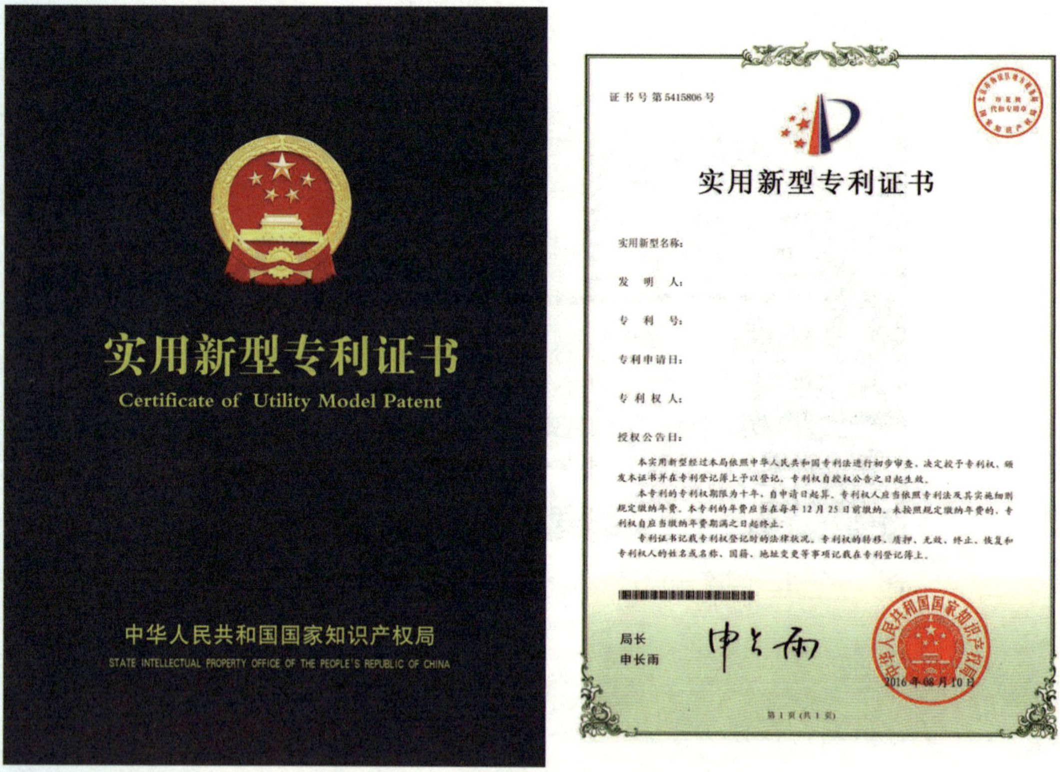

图 3-4-2　实用新型专利证书样式

第四章

类比类发明技法

要寻找发明的灵感，不仅可以以古鉴今，还可以道法自然。

天地万物，大到山川河流，小到杯碗茶盏，上至凌云飞鸟，下至游鱼绿植，莫不可以参照借鉴。

第一节 原型启发法：日用新妙招

思维启迪

问题背景

每个人家里，都有各种各样的日用品。

电器化时代，什么最多？电线。什么物品每天必不可少？牙刷、毛巾、水杯、餐具……你可能有过这样的感觉：用的时候希望什么都有，但需要收拾整理的时候，却希望什么都没有。日常生活中，一些看似不起眼的小问题，常常是一些小发明的创意点。

你的生活用品中有哪些值得改良的地方吗？

案例鉴赏

案例1：卷尺式插座

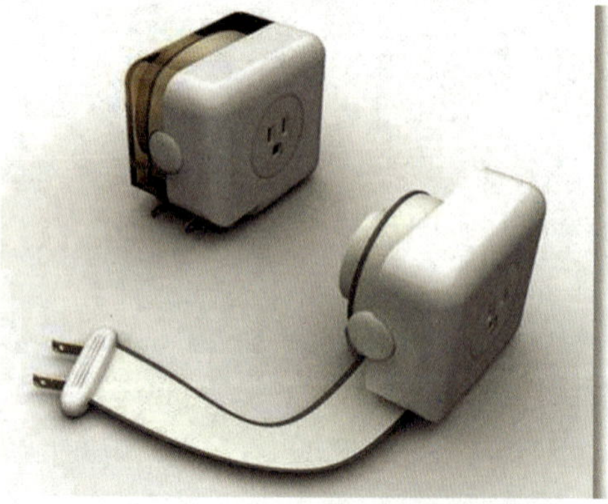

图4-1-1　卷尺式插座

有的时候，使用墙壁上的插座时非常的麻烦，不是插座过于偏僻，就是电源线不够长，给我们的生活带来了很多的不便。设计师 Cheng Ho–Tzu 根据卷尺的原理，设计了一款可以伸缩的插座，如图 4–1–1，它可以将电源线卷曲到插座里面，当需要调节的时候就可以自由地伸缩，再也不用担心电器自带的电源线不够长了。

案例 2：不倒翁水杯

水杯，是人人必备的生活用品，可有时候水杯也会带来烦恼。比如在学习的时候，如果不小心打翻了桌上的水杯，桌上的课本甚至当天刚写完的作业本也会被弄湿；如果当时杯子里装的是咖啡，那后果就更严重了……

图 4–1–2 不倒翁水杯

有设计人员将不倒翁结构应用在水杯上设计出了不倒翁水杯，如图 4–1–2。不倒翁上半身为空心壳体，重量很轻；下半身是一个实心的半球体，重量较大，不倒翁的重心就在半球体之内，下面的半球体和支撑面之间有一个接触点，这个半球体在支撑面上滚动时，接触点的位置就要发生改变，不倒翁始终用一个接触点站立在支撑面上，它永远是一个独脚体，使得杯体不会因为碰撞而跌落摔坏。

分析与归纳

我们一起来对前面的案例进行分析、归纳，并将结果填写到表 4–1–1 中。

表 4-1-1

案　例	模仿原型
卷尺式插座	
不倒翁水杯	
共同点	

方法提炼

这种发明技法叫“原型启发法”。

它是指从现实生活的事例中受到启发，找到解决问题的途径或方法，其中对解决问题具有启发作用的事物叫原型。

当我们进行创造性想象时，往往会从其他事物中得到启示，从而找到解决问题的方法和途径。我们把这种具有启发作用的事物称作“原型”。从本质上说，原型之所以具有启发作用，主要是因为这一事物本身的属性和特点，与所要创造的东西有相似之处。

问题解决

明确任务

以上两个发明都是利用“原型”对物品进行了改进。那么，你能否利用原型启发法来设计更多的日用新产品？

任务

请以以下某一物品为原型，设计新的日用物品：

1. 摩天轮；
2. 跷跷板；
3. 滑梯；
4. ____________________。

组建团队

请你就以上主题与同学交流看法，找同样感兴趣的小伙伴组成团队，选择一个大家感兴趣的问题，确定主题。然后选出本次头脑风暴的主持人，做好分工，完成表 4–1–2。

表 4–1–2

确定原型	
成员分工	1. 主持人：
	2. 记录员：
	3. 整理员：

头脑风暴

由主持人主持，小组成员轮流发表观点。要用心倾听每个人的发言，并将其中的创意亮点记录在表 4–1–3 中。注意，不要批评别人哦！

表 4–1–3

小组成员	创意亮点

分类整理

听取汇报员的陈述，由整理员执笔，大家一起运用思维导图工具，对前面记录的创意进行分类整理，完成图 4–1–3。

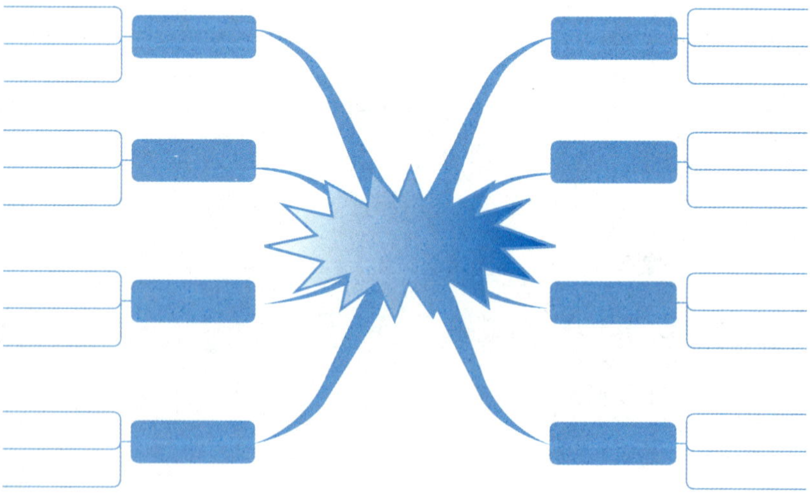

图 4–1–3　创意整理图

设计方案

请小组或个人选择感兴趣的问题，确定主题。尝试再次用头脑风暴，找出解决问题的创意亮点，并完成创意方案表（表 4–1–4）。

表 4–1–4

设计主题			
作　者		班　级	
设计图			
创新点			

创意查新

第一步：请将你的创意提炼出关键词——________、________、________；

第二步：请上中国国家知识产权局官网（http：//www.sipo.gov.cn/）进行查找。如果没有类似或类同的创意，那么恭喜你，请你赶紧申请专利或制作出来吧！如果有，就请你继续改进方案！

评价交流

创意分享

请以你自己最喜欢的方式来分享你的创意，可采用的分享方式有：

1. 在班上介绍自己的设计，并通过微信“朋友圈”、微博进行分享；
2. 围绕主题制作一张电子板报并分享；
3. 利用 3D 建模工具把创意设计出来并分享。

创意评价

请参考表 4–1–5 对你的创意进行评价。

表 4–1–5

评价维度	评价星级（涂色）
创意数量	☆☆☆☆☆
创意方案	☆☆☆☆☆
创意分享	☆☆☆☆☆

创意完善

请仔细思考大家提出的意见，对自己的创意进行修改完善，直到小组成员满意。

应用拓展

典型应用

1. 原型：空气压缩机——压缩机驱动风钻来挖隧道；创新应用：气动刹车装置。

2. 原型：微波炉——可将食品内部迅速加热；创新应用：修补沥青路面。

3. 原型：香蕉皮脚踩易滑倒——由几百个薄层构成，层与层可相对滑动；创新应用：二硫化铝用于润滑。

学以致用

请同学们想一想：我们还可以利用原型启发法来解决身边的哪些实际问题？如：

1. 防风雨伞；

2. ______________________________；

3. ______________________________；

4. ______________________________。

第二节　移植发明法：交通新思路

思维启迪

问题背景

随着城市范围的不断扩张，现代人的生活离不开各种交通工具。

除了日常搭乘的火车、飞机、轮船等公共交通工具，家中还常有自行车、摩托车。近些年来，小汽车更是进入了寻常百姓家。许多家庭有了一台甚至多台小汽车。但随之而来的，是衍生出来的停车难等许多新问题。

面对这些新情景、新问题，你有什么好的解决办法呢？

案例鉴赏

案例 1：防震玻璃

图 4-2-1　遭撞击后的防震玻璃

1907 年的一天，法国化学家贝奈第特斯在实验室里整理药品时，把一只药瓶碰倒掉在了石板上，但瓶体并未摔得粉碎，只是药瓶上布满了裂纹。事后不久，他看到汽车车窗玻璃破碎伤人的报道，联想到瓶子裂而不碎的现象，很快产生了一个发明摔不碎的玻璃的念头。他仔细检查了那个药瓶，发现瓶子的内壁上沉积着一层坚韧而又透明的薄膜，这种薄膜牢牢地粘在瓶子上，使瓶子摔在地上，只震出裂纹而不破碎。他迅速配制药水，反复试验：他把药水涂在别的瓶子上，待溶液挥发结膜后，让瓶子从不同的高处掉下来，瓶子果然摔不碎！

就这样，一种摔不碎、打不破的玻璃——安全玻璃问世了。如今这种防震玻璃被广泛运用于汽车、火车、飞机、轮船上，深受人们欢迎。

案例 2：雷达测速仪

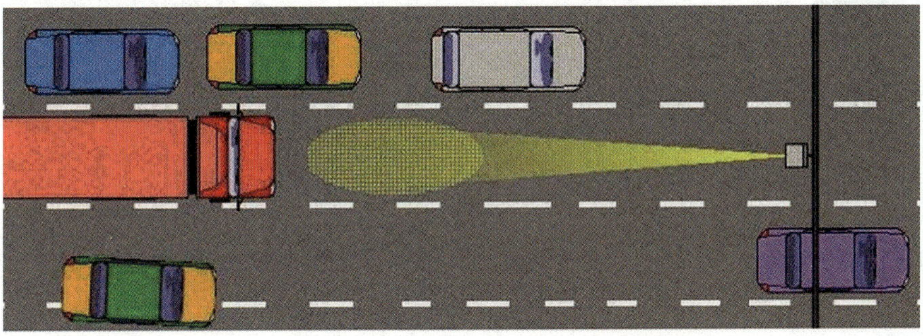

图 4-2-2　雷达测速示意图

1842 年，奥地利物理学家多普勒发现，运动物体发出的声音在静止的观测者听起来会发生变化。当发声物体远离观测者运动时，观测者听到的声波波长就会比静止波长更长；而声源朝向观测者运动时，听到的声波波长就会比静止波长更短。速度越高，波长变化越大。在生活中很容易体会这一点：如果汽车经过你时鸣喇叭，你会听到喇叭声从细变粗，而且速度越快这种变化越明显。这种现象被称为“多普勒效应”。

分析与归纳

我们一起来对前面的案例进行分析、归纳，并将结果填写到表 4-2-1 中。

表 4-2-1

案　例	解决问题的方法
防震玻璃	
雷达测速仪	
共同点	

方法提炼

这种发明技法叫“移植发明法”。

它是指将某一领域已见成效的发明原理、方法、结构、材料等，部分或全部引进到其他领域；或者在同一领域中推广这种“成果”。其本质就是利用已有的成果，进行有目的的再创造。

问题解决

明确任务

将某种科学技术原理转用到截然不同的研究领域，是移植发明法最突出的特点。很多时候，巧妙的移植往往能起到令人意想不到的结果。

任务

请针对以下物品的某一特点，利用移植发明法对身边的物品进行创新设计：

1. 单车共享；
2. 直升机的螺旋桨；
3. 火车轨道；
4. ________________。

组建团队

请你就以上主题与同学交流看法，找同样感兴趣的小伙伴组成团队，选择一个大家感兴趣的问题，确定主题。然后选出本次头脑风暴的主持人，做好分工，完成表 4–2–2。

表 4–2–2

确定主题	
成员分工	1. 主持人：
	2. 记录员：
	3. 整理员：

头脑风暴

由主持人主持，小组成员轮流发表观点。要用心倾听每个人的发言，并将其中的创意亮点记录在表 4–2–3 中。注意，不要批评别人哦！

表 4–2–3

小组成员	创意亮点

分类整理

听取汇报员的陈述，由整理员执笔，大家一起运用思维导图工具，对前面记录的创意进行分类整理，完成图 4–2–3。

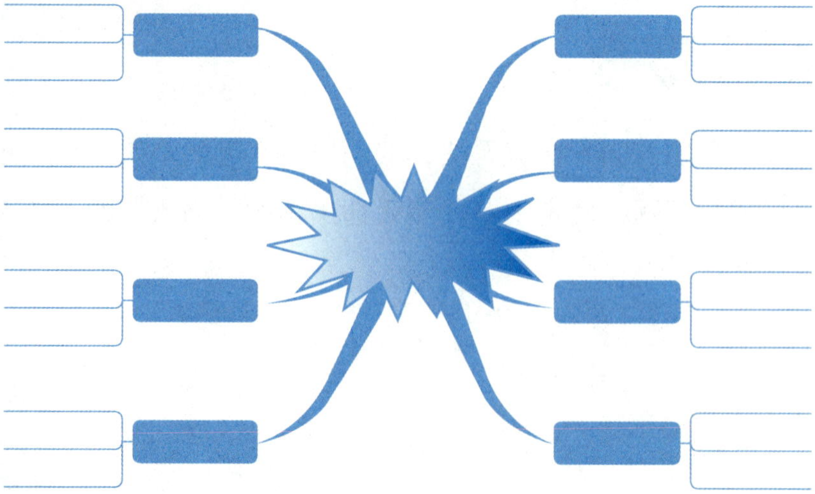

图 4-2-3　创意整理图

设计方案

请小组或个人选择感兴趣的问题，确定主题。尝试再次用头脑风暴，找出解决问题的创意亮点，并完成创意方案表（表 4-2-4）。

表 4-2-4

设计主题			
作　者		班　级	
设计图			
创新点			

创意查新

第一步：请将你的创意提炼出关键词——________、________、________；

第二步：请上中国国家知识产权局官网（http：//www.sipo.gov.cn/）进行查找。如果没有类似或类同的创意，那么恭喜你，请你赶紧申请专利或制作出来吧！如果有，就请你继续改进方案！

评价交流

创意分享

请以你自己最喜欢的方式来分享你的创意，可采用的分享方式有：

1. 在班上介绍自己的设计，并通过微信“朋友圈”、微博进行分享；
2. 围绕主题制作一张电子板报并分享；
3. 利用 3D 建模工具把创意设计出来并分享。

创意评价

请参考表 4–2–5 对你的创意进行评价。

表 4–2–5

评价维度	评价星级（涂色）
创意数量	☆☆☆☆☆
创意方案	☆☆☆☆☆
创意分享	☆☆☆☆☆

创意完善

请仔细思考大家提出的意见，对自己的创意进行修改完善，直到小组成员满意。

应用拓展

典型应用

拉链的应用

拉链的发明曾被誉为影响现代生活的最重要的 10 项发明之一，它是美国人卡特逊为解除系鞋带的麻烦而发明的。1893 年，拉链在哥伦比亚世界博览会上展出，吸引了一位叫霍克的年轻军官，他雇用了卡特逊来建拉链厂。没想到拉链机的组装并非易事，卡特逊畏难而罢休。霍克花了 19 年装好拉链机，却没有人想用这东西做鞋带。

后来，有家服装店的老板，把拉链移植到围腰式钱包上，一下子生意兴隆了；他又把拉链用到飞行服上，卖给了空军，很受欢迎。1930 年法国经济不景气，什么产品都不好销，而服装设计师夏巴列夫却因将拉链用在女式外套上而横扫市场；另一家服装店老板因为将拉链用在裤子上，而使该店经营活跃起来。霍克花了 19 年建拉链厂，却因没有找到合适的用途而没有销路。而这些服装厂巧妙地把这项技术移植到服装的某些部位，实现了服装制作的革新，振兴了经济。可见灵活、有效的移植是多么的富有价值。

学以致用

请同学们想一想：我们还可以利用移植发明法来解决身边的哪些实际问题？如：

1. 能脱水的拖把桶；

2. ______________________________；

3. ______________________________；

4. ______________________________。

第三节 仿生发明法：生物新启发

思维启迪

问题背景

有人说，生物体是这个世界上最精妙的仪器。论结构，比任何一台机器都精巧；论功能，比任何一种设备都完善。不说别的，至今为止，人类都没有制造出一种比人脑更具有创造力的机器。生物体结构和功能的完美结合，有许多值得我们借鉴的地方。

你能从身边的各种生物得到哪些启发，来进行一些发明创造呢？

案例鉴赏

案例 1：复眼照相机

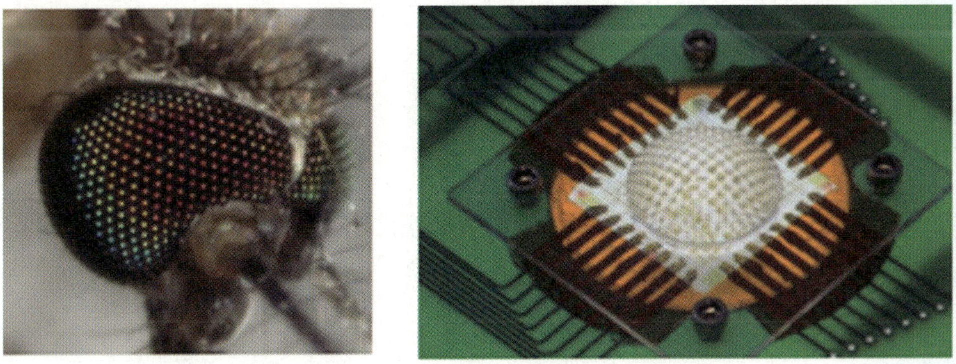

图 4-3-1　蚊子的复眼和复眼照相机

如果你想徒手拍到一只苍蝇或蚊子并非易事，因为它们都有着发达的感觉器官。尤其是头顶的那对复眼，一直是科学家感兴趣的研究对象。研究发现，与人的单眼球不一样的是，复眼是由许多六角形的小眼排列集合而成，每个小眼只接受单一方向的光讯号刺激形成点状的影像，所有点状影像相互嵌合形成正立的镶嵌影像。科学家模拟这一特性制造了复眼照相机。这种相机可实现全景视角和无限景深，在监控摄像机或者外科手术内窥镜领域具有广泛应用前景。

案例 2：荷叶手机贴膜

图 4-3-2　荷叶手机贴膜

植物学家发现，荷叶表面具有抗脏自洁的神奇功能。这其实源于其表面的微纳结构。荷叶的表面附有无数个微米级的蜡质乳突结构。用电子显微镜观察可以发现，每个微米级的乳突表面又附有许许多多与其结构相似的纳米级颗粒。这种双层纳米结构使得水和尘埃都无法在上面停留，从而达到自清洁的效果。受此现象的启发，手机贴膜的生产厂家制造出如图4-3-2的疏水疏油的荷叶膜，解决了触摸屏常留下污渍等问题。

分析与归纳

让我们对上面几个发明案例进行分析、归纳，并将结果填写在表 4-3-1 中。

表 4-3-1

案　例	仿生原理	应用方面
长鼻式防毒面具		
荷叶手机贴膜		
共同点		

方法提炼

随着仿生发明法在各领域的应用，这种方法已逐渐扩展为一门专门的学科，即仿生学。仿生学的研究范围主要包括：力学仿生、分子仿生、能量仿生、信息与控制仿生等。

1. 力学仿生，是研究并模仿生物体大体结构与精细结构的静力学性质，以及生物体各组成部分在体内相对运动和生物体在环境中运动的动力学性质。例如，建筑上模仿贝壳修造的大跨度薄壳建筑。

2. 分子仿生，是研究与模拟生物体中酶的催化作用、生物膜的选择性、通透性、生物大分子或其类似物的分析和合成等。例如，仿蛾类的性引诱激素合成了一种类似的有机化合物，可于田间诱杀雄虫。

3. 能量仿生，是研究与模仿生物电器官生物发光、肌肉直接把化学能转换成机械能等生物体中的能量转换过程。如仿萤火虫制造了冷光灯等。

4. 信息与控制仿生，是研究与模拟感觉器官、神经元与神经网络以及高级中枢的智能活动等方面的生物体中的信息处理过程。例如，根据象鼻虫视动反应制成的“自相关测速仪”可测定飞机着陆速度。

问题解决

明确任务

生物的许多特征都是长期自然选择的结果，生物具有的功能迄今比任何人造的机械都优越得多。你可以从一些动植物的优势特征出发，类比联想到生活中的实际应用；也可以从生活需要出发，联想生物体的解决途径。

任务

请尝试利用仿生法去解决身边更多的实际问题，如：

1. 仿造__________生物的外形进行应用设计；
2. 仿造__________生物的结构进行应用设计；
3. 仿造__________生物的功能进行应用设计。

组建团队

请你就以上主题与同学交流看法，看是否能在某一方面得以应用。找同样感兴趣的小伙伴组成团队，选出本次头脑风暴的主持人，做好分工，完成表 4–3–2。

表 4–3–2

确定主题	
成员分工	1. 主持人：
	2. 记录员：
	3. 整理员：

头脑风暴

由主持人主持，小组成员轮流发表观点。要用心倾听每个人的发言，并将其中的创意亮点记录在表 4–3–3 中。注意，不要批评别人哦！

表 4–3–3

小组成员	创意亮点

分类整理

听取汇报员的陈述，由整理员执笔，大家一起运用思维导图工具，对前面记录的创意进行分类整理，完成图 4–3–3。

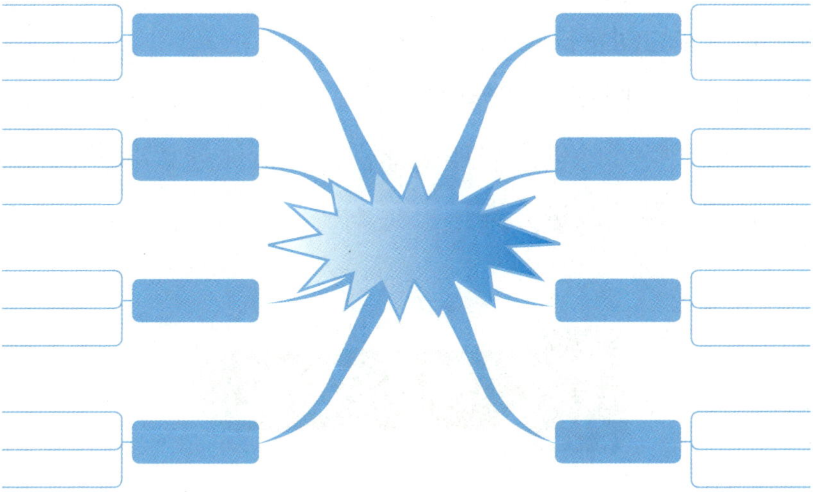

图 4–3–3　创意整理图

设计方案

请小组或个人选择感兴趣的问题，确定主题。尝试再次用头脑风暴，找出解决问题的创意亮点，并完成创意方案表（表 4–3–4）。

表 4–3–4

设计主题			
作　者		班　级	
设计图			
创新点			

创意查新

第一步：请将你的创意提炼出关键词——________、________、________；

第二步：请上中国国家知识产权局官网（http：//www.sipo.gov.cn/）进行查找。如果没有类似或类同的创意，那么恭喜你，请你赶紧申请专利或制作出来吧！如果有，就请你继续改进方案！

评价交流

创意分享

请以你自己最喜欢的方式来分享你的创意，可采用的分享方式有：

1. 在班上介绍自己的设计，并通过微信“朋友圈”、微博进行分享；
2. 围绕主题制作一张电子板报并分享；
3. 利用 3D 建模工具把创意设计出来并分享。

创意评价

请参考表 4-3-5 对你的创意进行评价。

表 4-3-5

评价维度	评价星级（涂色）
创意数量	☆☆☆☆☆
创意方案	☆☆☆☆☆
创意分享	☆☆☆☆☆

创意完善

请仔细思考大家提出的意见，对自己的创意进行修改完善，直到小组成员满意。

应用拓展

典型应用

响尾蛇导弹和蛇形机器人

你听说过响尾蛇导弹吗？科学家怎么把响尾蛇和导弹联系起来的呢？

原来，响尾蛇的视力几乎为零，但鼻子上的颊窝里有一种能探测周围环境温度变化的红外线感受器，即使爬虫、小兽等在夜间入睡，凭借它们身体所发出的热能，响尾蛇也能灵敏感觉到并敏捷地捕食。响尾蛇导弹就是利用这一原理制作的一种敏感器件，用以探测来自目标的红外辐射，从而紧紧盯住目标不放，直至把目标摧毁。现在红外线感应器已广泛地应用于各个领域。

此外，科学家发现蛇是自然界中运动形式最多，能通过最复杂环境的动物。它们的骨骼结构，可以支持蜿蜒运动、鼓风琴运动、直线运动和侧移运动四种运动形式，无论是障碍物、泥泞、沙土、墙壁还是深水，都挡不住蛇的“脚步”。受此启发，机械界研究出的蛇形机器人拥有完美的弯曲“关节”，使得它易于通过狭小的空间，甚至可以环抱柱子。在遇到障碍物时，它还可以拱起身子，跃过障碍物进行拍摄工作。除了军事探测，它还可帮助寻找被埋在倒塌建筑物下的受难者，在许多救援工作中发挥重要的作用。

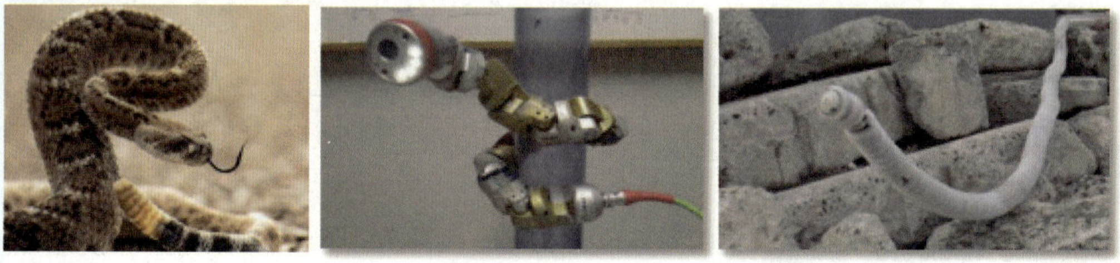

图 4-3-4　响尾蛇和各种蛇形机器人

学以致用

请同学们想一想：我们还可以仿造哪些生物来进行哪些发明创造呢？如：

1. 壁虎；

2. ________________；

3. ________________；

4. ________________。

拓展阅读 广东省普通高中学生综合素质评价

知识背景

普通高中学生综合素质评价是对学生全面发展状况的观察、记录、分析，是发现和培育学生良好个性的重要手段，是深入推进素质教育的一项重要制度。主要任务是整体反映普通高中学生德智体美劳全面发展和个性特长发展情况，客观记录学生成长过程中的突出表现，为学生毕业和升学提供重要参考。

实施流程

依据党的教育方针，反映学生成长过程中的全面发展情况和个性特长，注重考察学生的社会责任感、创新精神和实践能力。

表 4-4-1　高中生综合素质评价主要指标

主要指标	主要考察对象	记录重点
思想品德	学生践行社会主义核心价值观，在爱党爱国、理想信念、责任担当、热爱集体、遵纪守法、诚实守信、行为习惯等方面的表现	校内活动、校外活动，违法违纪情况
学业水平	学生各门课程基础知识、基本技能的掌握情况以及运用知识解决问题的能力，形成的人文素养和科学精神等	学期成绩、高中学业水平考试成绩、校本课程学习内容和成绩、研究性学习与创新成绩、优势学科学习情况

（续表）

主要指标	主要考察对象	记录重点
身心健康	学生身体健康状况、心理健康状况和安全素养等	体能素质、健康生活方式、体育竞赛活动、心理健康、安全素养
艺术素养	学生对艺术的审美感受、理解、鉴赏和表现的能力	艺术审美与体验、艺术兴趣与特长、艺术创作经历与成果、对生活美学的领悟与践行等
社会实践	学生走向“社会大课堂”，在社会生活中的动手操作、体验经历等情况	学生参加社会实践活动（生活技能、生产劳动、职业体验、军训、社会考察、勤工俭学、参观学习、研学旅行、设计制作和各种调查研究等方面）的内容、次数、时间，形成的调查报告和作品等

评价方式

普通高中学生综合素质评价主要采取写实记录、自我陈述和教师评语相结合的方式进行。

1. 写实记录。写实记录是学生在思想品德发展、艺术素养提升、研究性学习、体育运动、科技创新实践、参与社会服务等方面活动的记录，包括对事件的客观记录、自己内心体验与感受以及活动形成的成果。一般是在教师指导下，记录关键事件，材料须客观真实、有据可查。

2. 自我陈述。自我陈述是学生在对自己的成长记录及相关佐证材料进行整理遴选的基础上撰写的，是对自我成长过程的总结梳理，是促进学生自我评价、自我教育和主动发展的过程。自我陈述要突出个性特长，用证据说话，避免泛泛而谈。

3. 教师评语。教师评语是教师在全面了解学生个体成长的基础上，根据学生成长过程的突出表现，分析学生发展的信息，客观公正地反映学生发展水平的个性化评价。教师评语要客观准确，言之有据，揭示学生的个性特点，突出发展性评价作用，突出正面引导，鼓励学生不断进步。

评价程序

写实记录与信息录入 → 整理遴选 → 公示确认 → 形成档案

1. 写实记录与信息录入。学生在教师、家长指导下，随时在省中小学生综合素质评价信息管理平台（以下简称信息平台）录入个人综合素质成长各方面的真实记录。在学校审核确定前，学生可修改完善个人的写实记录。由各地教育行政部门或学校组织的活动，采取“谁实施，谁记录”的方式，活动结束后，相关部门或学校应及时将学生参与情况统一录入信息平台。

2. 整理遴选。每学期末，班主任及相关教师指导学生整理遴选具有代表性的重要活动记录和典型事实材料以及其他有关材料，补充完善有关佐证材料。用于招生的由学生填报的材料，须学生签字确认（或通过信息平台在线确认）。

3. 公示确认。每学期末，学校将遴选出来的不涉及个人隐私的写实记录材料放在信息平台或教室、公示栏、校园网等显著位置公示。公示期结束后，无异议的成长记录由学校审核确认；有异议的，由学校组织复核，无异议后再审核确认。写实记录材料一经审核确认，不得更改。

4. 形成档案。档案主要包括：（1）主要的成长记录，包括思想品德、学业水平、身心健康、艺术素养、社会实践五个方面的突出表现；（2）学生自我陈述；（3）教师评语；（4）典型事实材料；（5）公示情况。

档案材料关键要突出重点，主要记录学生的相关特长、突出事迹、优秀表现等情况，如果出现填报项目没有具体表现或表现不突出的情况，内容可以空缺，避免面面俱到。

评价使用

1. 作为学生健康成长的重要指引。利用写实记录材料，对学生成长过程进行科学分析，引导学生发现自我，建立自信，促进学生多样化健康发展。

2. 作为高校招生录取的重要参考。按照“谁提供，谁负责”“谁使用，谁评价”的原则，把普通高中学生综合素质评价档案作为其报考普通高校电子档案内容之一，供高校招生录取时使用。高校招生录取时根据本校办学特色和人才培养要求，制定科学规范的学生综合素质评价结果使用办法，并提前向社会公布。在使用相关评价材料时，高校组织教师等专业人员对档案材料进行研究分析，采取集体评议等方式做出客观评价，并以此作为招生录取的重要参考。

3. 作为普通高中办学质量评估的重要内容。学生综合素质评价结果是各级教育部门评价学校办学水平的重要内容，也是普通高中学生毕业的重要参考。

第五章

设问类发明技法

创意来源于生活，最终服务于生活。

有时候，在生活中多问几个为什么，或是围绕某个事物多角度提出一些问题，常常能打开思路，找到不一样的解决办法。

第一节 奥斯本检核表法：整洁舒适家

思维启迪

问题背景

假期里，妈妈让你帮忙打扫卫生，收拾房间。一整天下来，你是不是也开始感慨家务活看着不起眼，却实在是不易。但是，为了整个家居环境的整洁，清洁和收纳又是必不可少的。

你有什么办法来帮妈妈减轻一下家务劳动的负担呢？

案例鉴赏

吸尘器的创新设计

近年来，城市高层建筑成倍地增长，而随着时间的积累，高层建筑外壁玻璃上增加了许多的粉尘和其他污物。据统计，至今有 95% 的城市高楼的玻璃外壁清洁采用的是人工清洗，它不仅投入大、效率低，费工费时，而且极其危险。因此，高空清洁机器人应运而生，它以吸尘器作为主体，利用涵道风扇将底部一个小区域内的空气抽走，使该区域内形成类似真空的状态，促使外界大气压将机器压在墙上。

其实，生活当中还有很多由吸尘器改进而来的产品，如表 5-1-1，我们一起来看看。

表 5-1-1

序号	检核问题	创新思路	典型创新产品	产品图片
1	能否他用	利用吸尘器吸气抽真空原理制作一些吸附型工具	利用真空吸尘器制造出一套“蜘蛛侠装置”	
2	能否借用	借用紫外线的功能，达到吸走尘螨并消毒的功能	除螨仪	
3	能否改变	改变吸尘器的形状，清除墙角的灰尘	一卷吸尘器	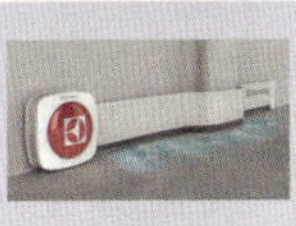
4	能否扩大	将吸尘器安装在汽车上，成为大型扫地车	大型扫地车	
5	能否缩小	制作微型吸尘器，用于清除桌面上的橡皮擦碎	桌面吸尘器	
6	能否替代	将吸尘器嵌入到柜子中，替代沉重的移动式吸尘器	嵌入式隐形吸尘器	
7	能否调整	调整外形结构，让其成为可自动爬行的海星机器人吸尘器	智能海星机器人吸尘器	
8	能否颠倒	将吸尘装置反置，可创造出无数的吹风产品	多功能电吹风	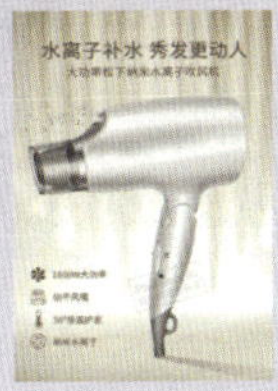
9	能否组合	结合喷水装置，组合一个具有喷洗与吸干功能的水洗系统	水洗吸尘器	

分析与归纳

我们一起来对前面的案例进行分析、归纳，并将结果填写到表 5-1-2 中。

表 5-1-2

检核物品	检核方向	检核成果
吸尘器		
操作要点	通过对物品进行______方面的检核，找出创新产品	

方法提炼

这种发明技法叫“奥斯本检核表法”。

它是指对某一物品在创造过程中对照九个方面的问题进行思考，以便启迪思路、开拓思维想象的空间，促使人们产生新设想、新方案的方法。

奥斯本检核表法的应用步骤如下：第一，首先选定一个要改进的产品或方案。第二，根据奥斯本检核表列举改进点。面对一个需要改进的产品、方案或问题，根据奥斯本检核表提出一系列的问题，并由此产生大量的思路。第三，探讨改进方案。根据第二步提出的思路，进行筛选和进一步思考、完善。

问题解决

明确任务

以上发明都是针对某一个物体不同维度的问题进行改进，进而创造出新的产品，让它成为家庭中的理想的工具。

任务

请尝试利用奥斯本检核表法去设计以下任一物品：

1. 牙刷；
2. 拖把；
3. 收纳箱；
4. ________________。

组建团队

请你就以上主题与同学交流看法，找同样感兴趣的小伙伴组成团队，选择一个大家感兴趣的问题，确定主题。然后选出本次头脑风暴的主持人，做好分工，完成表 5-1-3。

表 5-1-3

确定主题	
成员分工	1. 主持人：
	2. 记录员：
	3. 整理员：

头脑风暴

由主持人主持，小组成员轮流发表观点。要用心倾听每个人的发言，并将其中的创意亮点记录在表 5-1-4 中。注意，不要批评别人哦！

表 5-1-4

序号	检核问题	创意亮点（小组成员）
1	能否他用	例：自动奶瓶刷（张三）
2	能否借用	
3	能否改变	
4	能否扩大	
5	能否缩小	
6	能否替代	
7	能否调整	
8	能否颠倒	
9	能否组合	

分类整理

听取汇报员的陈述，由整理员执笔，大家一起运用思维导图工具，对前面记录的创意亮点进行分类整理，完成图 5-1-1。

图 5-1-1　创意整理图

设计方案

请小组或个人选择感兴趣的问题，确定主题。尝试再次用头脑风暴，找出解决问题的创意亮点，并完成创意方案表（表 5-1-5）。

表 5-1-5

设计主题			
作　者		班　级	
设计图			
创新点			

创意查新

第一步：请将你的创意提炼出关键词——________、________、________；

第二步：请上中国国家知识产权局官网（http：//www.sipo.gov.cn/）进行查找。如果没有类似或类同的创意，那么恭喜你，请你赶紧申请专利或制作出来吧！如果有，就请你继续改进方案！

评价交流

创意分享

请以你自己最喜欢的方式来分享你的创意，可采用的分享方式有：

1. 在班上介绍自己的设计，并通过微信“朋友圈”、微博进行分享；
2. 围绕主题制作一张电子板报并分享；
3. 利用 3D 建模工具把创意设计出来并分享。

创意评价

请参考表 5-1-6 对你的创意进行评价。

表 5-1-6

评价维度	评价星级（涂色）
创意数量	☆ ☆ ☆ ☆ ☆
创意方案	☆ ☆ ☆ ☆ ☆
创意分享	☆ ☆ ☆ ☆ ☆

创意完善

请仔细思考大家提出的意见，对自己的创意进行修改完善，直到小组成员满意。

应用拓展

典型应用

表 5-1-7　玻璃杯的创新设计

序　号	检核问题	创新思路	典型创新产品	产品图片
1	能否他用	我们可以思考作灯罩、可食用、当量具、作装饰、拔火罐、作圆规等装饰品和工具用品	水杯灯	
2	能否借用	自热杯、磁疗杯、保温杯、电热杯、音乐杯、防爆杯	水素杯	
3	能否改变	塔形杯、动物杯、防溢杯、自洁杯、密码杯、幻影杯	动物杯	
4	能否扩大	不倒杯、防碎杯、消防杯、过滤杯、多层杯	多层杯	
5	能否缩小	微型杯、超薄杯、可伸缩杯、扁形杯、勺形杯	硅胶折叠伸缩杯子	

（续表）

序　号	检核问题	创新思路	典型创新产品	产品图片
6	能否替代	纸杯、一次性杯、竹木制杯、可食质杯、塑料杯	小麦秸秆漱口杯	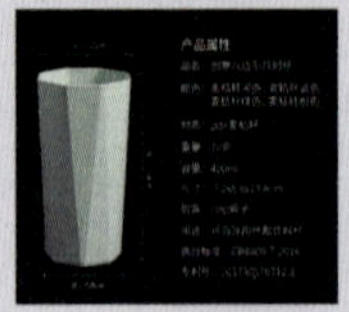
7	能否调整	系列装饰杯、系列高脚杯、系列口杯、酒杯、咖啡杯	高脚杯	
8	能否颠倒	透明不透明、彩色非彩色、雕花非雕花、有嘴无嘴	Upside Down（翻转）趣味高脚杯	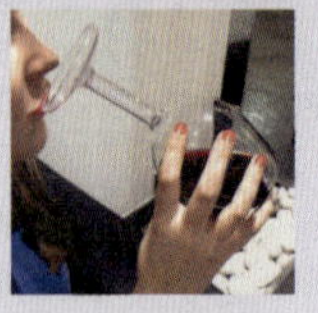
9	能否组合	与温度计组合、与香料组合、与中草药组合、与加热器组合	温度感应杯	

学以致用

尝试利用奥斯本检核表法对生活用品进行更多的创新设计，如：

1. 衣架；

2. ______________________________；

3. ______________________________；

4. ______________________________。

第二节 和田十二法：展望未来城

思维启迪

问题背景

科技创造未来。100 年前的今天，你一定没有想到 100 年后的世界变化如此之大。那么，如果再过 100 年，世界将会变成什么样子？许多在 20 年前还只出现在科幻电影中的画面，如今很多已在发明家的帮助下实现了。

对于未来生活，你有着怎样的期待？

案例鉴赏

汽车的创新设计

拥挤的道路是许多现代城市头痛的问题，但解决办法是什么？是不让所有的车上路吗？交通拥堵是司机们生活的常态，无论是每天上下班路上的交通高峰，还是假期开始时高速公路上没完没了的延误。在第87届日内瓦国际车展上，奥迪、空客和Italdesign共同合作研发的智能飞行概念车——Pop.Up Next亮相，这辆车的设计理念结合了可以在空中飞行的无人机和轮式吊舱，既可以变身为直升机，也可以成为陆地行驶的机动车。Pop.Up Next也是模块化、全电动、自动驾驶和零排放的飞行概念车，可实现垂直起飞和降落，旨在缓解人口密集地区的交通拥堵。当发生严重交通堵塞时，无人机就会前来抓取吊舱，并把它运送到目的地。

对于汽车的创新设计，你知道还有哪些吗？我们一起来看看表 5-2-1 吧！

表 5-2-1

序　号	检核问题	创新思路	典型创新产品	产品图片
1	加一加	增加水上行驶功能	水陆双栖车	
2	减一减	去掉后轮驱动	双轮轿车	
3	扩一扩	扩大轿车的长度	加长版轿车	
4	缩一缩	缩小汽车的空间	双人汽车	
5	变一变	改变汽车结构	鲨鱼造型汽车	
6	改一改	改进汽车的通过性	可上下楼梯的轮椅车	
7	联一联	与加湿喷雾器联系起来	降温除尘喷雾车	
8	代一代	用磁悬浮技术代替车轮	磁悬浮汽车	
9	搬一搬	将摩托车搬到汽车设计中，变成可拆可组合的复合型汽车	可拆分汽车	

（续表）

序　号	检核问题	创新思路	典型创新产品	产品图片
10	反一反	将汽车反转成为移动办公室	移动办公室	
11	定一定	制定噪声标准、节能标准	太阳能汽车	
12	学一学	应用各种新技术	无人驾驶汽车	

分析与归纳

我们一起来对前面的案例进行分析、归纳，并将结果填写到表 5-2-2 中。

表 5-2-2

检核物品	检核方向	检核成果
汽　车		
操作要点	通过对物品进行______方面的检核，找出创新产品	

方法提炼

这种发明技法叫“和田十二法”。

它是指我国学者许立言、张福奎在奥斯本检核问题表的基础上，借用其基本原理，加以创造而提出的一种思维技法。

问题解决

明确任务

以上的发明都是针对某一个物体进行十二维度的提问，进而创造出新的产品，让它成为生活、生产中一个理想的工具。

任务

请尝试利用和田十二法去设计以下任意一件物品：

1. 电视机；
2. 眼镜；
3. 房子；
4. ______________________________。

组建团队

请你就以上主题与同学交流看法，找同样感兴趣的小伙伴组成团队，选择一个大家感兴趣的问题，确定主题。然后选出本次头脑风暴的主持人，做好分工，完成表 5-2-3。

表 5-2-3

确定主题	
成员分工	1. 主持人：
	2. 记录员：
	3. 整理员：

头脑风暴

由主持人主持，小组成员轮流发表观点。要用心倾听每个人的发言，并将其中的创意亮点记录在表 5-2-4 中。注意，不要批评别人哦！

表 5-2-4

序　号	检核问题	创意亮点（小组成员）
1	加一加	例：加机顶盒成数字电视（张三）
2	减一减	
3	扩一扩	
4	缩一缩	
5	变一变	
6	改一改	
7	联一联	
8	代一代	
9	搬一搬	
10	反一反	
11	定一定	
12	学一学	

分类整理

听取汇报员的陈述，由整理员执笔，大家一起运用思维导图工具，对前面记录的创意亮点进行分类整理，完成图 5–2–1。

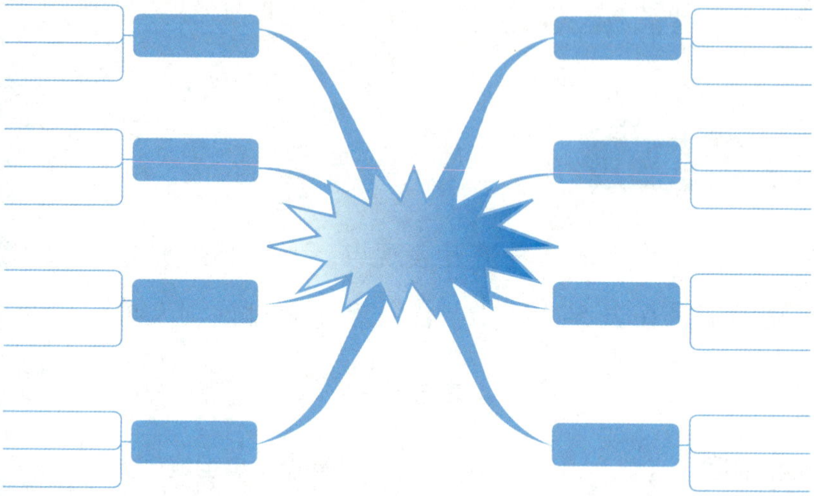

图 5–2–1　创意整理图

设计方案

请小组或个人选择感兴趣的问题，确定主题。尝试再次用头脑风暴，找出解决问题的创意亮点，并完成创意方案表（表 5–2–5）。

表 5-2-5

设计主题			
作　者		班　级	
设计图			
创新点			

创意查新

第一步：请将你的创意提炼出关键词——________、________、________；

第二步：请上中国国家知识产权局官网（http：//www.sipo.gov.cn/）进行查找。如果没有类似或类同的创意，那么恭喜你，请你赶紧申请专利或制作出来吧！如果有，就请你继续改进方案！

评价交流

创意分享

请以你自己最喜欢的方式来分享你的创意，可采用的分享方式有：

1. 在班上介绍自己的设计，并通过微信“朋友圈”、微博进行分享；
2. 围绕主题制作一张电子板报并分享；
3. 利用 3D 建模工具把创意设计出来并分享。

创意评价

请参考表 5-2-6 对你的创意进行评价。

表 5-2-6

评价维度	评价星级（涂色）
创意数量	☆☆☆☆☆
创意方案	☆☆☆☆☆
创意分享	☆☆☆☆☆

创意完善

请仔细思考大家提出的意见，对自己的创意进行修改完善，直到小组成员满意。

应用拓展

典型应用

表 5-2-7　用和田十二法对风扇进行的创新设计

序　号	检核项目	新设想简要说明	新设想名称
1	加一加	根据环境温度变化调节风量、控制时间	自动控制电扇
2	减一减	去掉电扇吊杆，改成吸顶式	吸顶电风扇
3	扩一扩	扩大送风角度，整周旋转	全方位电风扇

（续表）

序　号	检核项目	新设想简要说明	新设想名称
4	缩一缩	使风扇小型化，适应不同环境的需要	婴儿风扇、帐内风扇、头戴风扇
5	变一变	改变结构，使风扇使用性能变化	球形风扇、栅叶风扇
6	改一改	改进普通风扇易使人伤风感冒的缺点	保健电风扇
7	联一联	与加湿、灭蚊、催眠联系起来	灭蚊风扇、催眠风扇
8	代一代	叶片用特殊木料制成，经药物浸泡有 c 保健功能	木叶片电风扇
9	搬一搬	冰箱、电视机内装风扇散热，防止过热	保护用电风扇
10	反一反	冬天供热风、作排风扇用、作吸尘用	热风风扇、排风风扇、吸尘扇
11	定一定	制定噪声标准、节能标准	低噪声风扇、节能风扇
12	学一学	应用各种新技术	太阳能风扇、遥控风扇、激光风扇

学以致用

请尝试利用和田十二法去解决身边更多的实际问题，如：

1. 鞋子的创新设计；

2. ______________________________；

3. ______________________________；

4. ______________________________。

第三节 七何分析法：小小创业家

思维启迪

问题背景

经过一段时间的学习，你是否觉得发明也并非难事？在这个“大众创业，万众创新”的新时代，是不是甚至还有一种冲动，希望变身成一位创业者，有朝一日能将自己的发明创造或是研究成果顺利推向市场，实现技术的产业化？但是，怎样才能确定产品的可行性？又如何去为自己的产品做一份文创设计，以便你的产品能被市场迅速接纳？

七何分析法（5W2H 分析法）是个不错的选择，它是一种既适合对不成熟产品进行分析改进，又适合对产品进行产业化的方法，我们一起利用它来尝试创业吧！

方法介绍

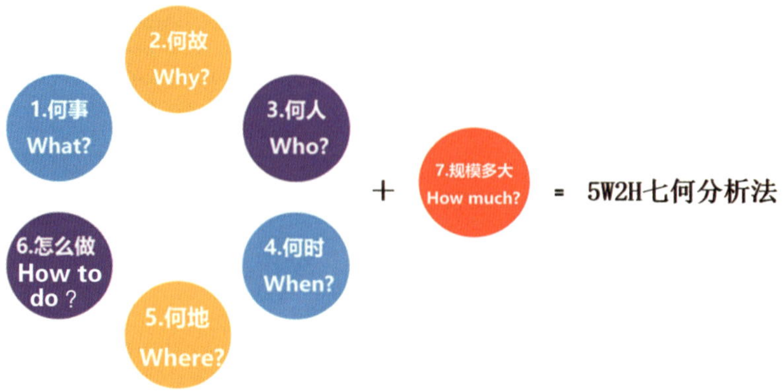

图 5-3-1　七何分析法

七何分析法（5W2H）是指对选定的项目、工序或操作，从原因（何故）、对象（何事）、地点（何地）、时间（何时）、人员（何人）、方法（何法）、规模（何规模）等七个方面提出问题进行思考，如图 5–3–1。这种问话和思考办法，可使思考的内容深化、科学化。

七何分析法的使用步骤如下：

第一步：确定实施七何分析法的对象。

第二步：按七何分析法的七个要素逐个分析，其中七问分别代表着如表 5–3–1 中的不同含义。

表 5–3–1

序 号	检核问题	检核内容
1	做什么（what）	要做哪一部分、重点要做什么、功能是什么、工作对象是什么
2	为什么（why）	为什么采用这个技术参数、为什么不能有响声、为什么采用机器代替人力、为什么非做不可、为什么做成这个形状
3	谁（who）	谁来办最方便、谁会生产、谁可以办、目标顾客是谁、谁被忽略了、谁是决策人、谁会受益
4	何时（when）	何时要完成、何时安装、何时是最佳的营业时间、何时目标人群更多、何时完成最适宜、何时的产量最高
5	何地（where）	何处生产最适宜、何地有资源、选址在哪里最合适、何地最合适某物生长
6	怎样（how to do）	怎样做效率最高、怎么做最快、怎样改进、怎样得到、怎样避免失败、怎样求发展、怎样增加销路、怎样达到效率、怎样才能使产品更加美观大方、怎样使产品用起来方便
7	多少（how much）	功能指标达到多少、销售多少、成本多少、输出功率多少、效率多高、尺寸多少、重量多少

第三步：提出疑问，发现原因。

第四步：寻找改进措施或新设想。

如果现行的做法或产品经过七个问题的审核已无懈可击，便可认为这一做法或者产品可取。如果七个要素中有一个答复不能令人满意，则表示这方面有改进的余地，要据此提出新构思。如果哪方面能凸显产品的特点，则可以扩大产品这方面的应用。

案例鉴赏

案例 1：水面漂浮垃圾回收桶

食品包装盒、吸管、塑料袋……每年，全球有800多万吨塑料进入海洋，对海洋生物、渔业、旅游业造成高达80亿美元的经济损失，导致上百万只海鸟、10万头海洋哺乳动物以及难以计数的鱼类死亡。如此大量的垃圾，仅靠人工打捞费时费力且收效甚微。

东莞两名初中生确定此发明主题，在有了设计一个水面漂浮垃圾回收桶的初步设想后，使用七何分析法对作品进行了完善，如表 5-3-2。

表 5-3-2

序号	提问项目	提问内容	目前情况	作者提出的改进措施	请填写你发现的问题并寻求改进方案
1	What	如何去掉水面漂浮的垃圾	目前基本上是采用人工打捞的方式，耗时长、效率低	采用机械化，实现自动回收	
2	Why	为什么要用自动回收水面漂浮垃圾的装置	环保部门工作人员使用打捞船打捞较大的垃圾，使用打捞网打捞水面较小的垃圾，然后集中处理，需要的人工成本较大	让垃圾跟随水流自动流入回收桶。回收通内设置一个过滤网，网桶分流，垃圾留在网袋，垃圾收集满后，将网袋取出来，倒掉垃圾	

（续表）

序号	提问项目	提问内容	目前情况	作者提出的改进措施	请填写你发现的问题并寻求改进方案
3	When	何时回收垃圾	24 小时自动回收	垃圾桶装满垃圾时自动停止工作并发出提醒	
4	Who	使用的群体是哪些人	环保部门、渔民、水产养殖户	无需改进	
5	Where	安放在何处	水面漂浮垃圾回收桶可以安放在海边码头、河流垃圾聚集处、水产养殖场等	未来可以安装在船上，移动式回收水面漂浮垃圾	
6	How	怎样实现垃圾自动回收	人工使用打捞网打捞	水面漂浮垃圾回收桶是利用抽水形成的水位差控制内桶的浮沉，当内桶下沉时，形成的水位差可以让漂在水面上的垃圾自然流入有滤网的内桶，从而起到自动收集垃圾的作用	
7	How much	多大规模	规模要看人力物力投入多少	成本较低，可量产	

该项目获得科技创新大赛一等奖，目前正在市场化设计中。

案例 2：苹果盒子——机器视觉、RFID 类无人商店

互联网企业、创投公司发力无人零售的热闹场面已持续两年，只强调“无人”的零售场景如无人盒子、无人货架已倒闭了一大批。我们的产品究竟使用哪种新模式更容易获得成功？请看用七何分析法对苹果盒子——机器视觉、RFID（射频识别技术）类无人商店案例的分析，如表5–3–3。

表 5-3-3

序号	提问项目	提问内容	目前情况	提出问题（样例）	请填写你发现的问题并寻求改进方案
1	What	模式是什么	采用手机二维码识别进店与 RFID 电子标签识别技术进行产品支付的模式	前期需要对产品粘贴 RFID 标签，工作量大，同时增加人力和产品成本	
2	Why	为什么采用二维码识别和 RFID 模式	通过手机二维码将客户进行数字化，通过 RFID 对产品进行数字化，从而就能通过电脑自动连接两个数据，达到无人销售的效果	RFID 标签效率高不高？用户体验感好不好？能否避免偷盗行为呢？能够避免产品损坏呢	
3	When	何时购物	24 小时	一次完整的无人购物所需要的时间？产品流转需要多少时间	
4	Who	谁来执行？	无人自助	谁来运货？谁来贴标签？谁是目标客户	
5	Where	店设何处	中高端社区户外为主，节省成本但有违建风险	货物放在何处？支付平台放在何处	
6	How to do	怎样购物	每个商品对应一个纸质 RFID 标签，用户将所有需要的商品拿到收银台集中扫码，再进行线上支付。扫码效率非常低，用户体验比较差	会不会有遗漏未支付的产品呢？如果标签被撕掉，是否不用付款呢？如果未支付完毕，是否能离开呢	

（续表）

序号	提问项目	提问内容	目前情况	提出问题（样例）	请填写你发现的问题并寻求改进方案
7	How much	多大规模	15平方米可移动可拼装简易房，但有违建风险	RFID标电子标签成本是多少？商品的损耗率为多少？需要安装多少防盗设备	

经过分析后，我们会找出比较合适的方案。如果你是客户，你更喜欢哪种无人商店？你能发明一种更受大众喜欢、更容易规模化的无人商店吗？

问题解决

明确任务

七何分析法解决问题通常都是采用“取消、合并、改变、简化”的思维方式优化项目，我们可以利用它来分析我们未成熟的发明方案，或者已成熟方案的市场化。

任务

请尝试利用七何分析法去分析我们已有的方案：

1.____________________的创意分析；

2.____________________的创意分析；

3.____________________的创意分析；

4.____________________的创意分析。

组建团队

请你就以上主题与同学交流看法，找同样感兴趣的小伙伴组成团队，选择一个大家感兴趣的问题，确定主题。然后选出本次头脑风暴的主持人，做好分工，完成表 5-3-4。

表 5-3-4

确定主题	
成员分工	1. 主持人：
	2. 记录员：
	3. 整理员：

头脑风暴

由主持人主持，小组成员轮流发表观点。要用心倾听每个人的发言，并将相应的重点内容记录在表 5-3-5 中。注意，不要批评别人哦！

表 5-3-5

序号	提问项目	提问内容	目前情况	提出问题
1	What			
2	Why			
3	When			
4	Who			
5	Where			
6	How			
7	How much			

设计方案

经过用七何分析法分析后，请尝试再次用头脑风暴，找出解决问题的创意亮点，并完成创意方案表（表 5-3-6）。

表 5-3-6

设计主题			
作　者		班　级	
设计图			
创新点			

评价交流

创意分享

请以你自己最喜欢的方式来分享你的创意，可采用的分享方式有：

1. 在班上介绍自己的设计，并通过微信“朋友圈”、微博进行分享；
2. 围绕主题制作一张电子板报并分享；
3. 利用 3D 建模工具把创意设计出来并分享。

创意评价

请参考表 5-3-7 对你的创意进行评价。

表 5-3-7

评价维度	评价星级（涂色）
创意数量	☆ ☆ ☆ ☆ ☆
创意方案	☆ ☆ ☆ ☆ ☆
创意分享	☆ ☆ ☆ ☆ ☆

创意完善

请仔细思考大家提出的意见，对自己的创意进行修改完善，直到小组成员满意。

应用拓展

典型应用

表 5-3-8　用七何分析法对 B5 未来商店
——机械臂及智能仓储管理类无人商店进行分析

序号	提问项目	提问内容	目前情况	提出问题（样例）	请填写你发现的问题并寻求改进方案
1	What	B5 未来商店的模式是什么	采用屏幕前选购，扫码支付后，货品自动出货，核心技术为机械臂及智能仓储管理	无实体货物陈列，对商品销售体验感不佳	

（续表）

序号	提问项目	提问内容	目前情况	提出问题（样例）	请填写你发现的问题并寻求改进方案
2	Why	为什么采用商品和人完全隔离模式	避免人为因素造成对商品的损坏以及盗取行为，风险相对更小	在无人商店领域，相对于机器视觉、人工智能以及 RFID 等方案，该模式是风险更小更容易落地的商业模式，同时又易于复制	
3	When	何时购物	24 小时	无须改进	
4	Who	谁来执行	无人自助	无须改进	
5	Where	店设何处	商场、写字楼等店面	店铺成本与传统便利店相当	
6	How to do	怎样购物	手机 APP 移动订单 + 现场扫码订单	由于取货窗口比较少，容易造成排队等候现象，需要有套完善的取货系统	
7	How much	多大规模	与传统便利店相当	不能减少空间成本，从综合利润角度考虑会影响该项目的规模化	

学以致用

请尝试利用七何分析法去解决身边更多的实际问题，如：

1. 购物袋的创新设计；

2. ____；

3. ____；

4. ____。

拓展阅读　创新成果展示平台

全国青少年科技创新大赛

全国青少年科技创新大赛（China Adolescents Science & Technology Innovation Contest，简称创新大赛，CASTIC）是由中国科学技术协会、教育部、科技部、发改委、环保部等部门共同主办的一项具有30多年历史的全国性青少年科技创新成果和科学探究项目的综合性科技竞赛，是目前我国国内面向在校中小学生开展的规模最大、层次最高的青少年科教比赛活动，每年举办一次，至2019年，已经成功举办了34届。

全国青少年科技创新大赛分为青少年和科技辅导员两个板块，内容包括竞赛活动和展示活动两个系列，其中竞赛活动包括小学生科技创新成果竞赛、中学生科技创新成果竞赛、科技辅导员科技创新成果竞赛。

图 5-4-1　全国青少年科技创新活动服务平台

中学生科技创新成果主要指科学研究成果和发明创造成果两大类，根据创新成果所涉及的主要学科知识，可分为13个类别：数学、计算机科学、物理学、地球与空间科学、工程学、动物学、植物学、微生物学、医学与健康学、化学、生物化学、环境科学、行为与社会科学。

四 “明天小小科学家”奖励活动

“明天小小科学家”奖励活动创立于2000年，是由中国科学技术协会、中国科学院、中国工程院、国家自然科学基金委员会和香港周凯旋基金会共同主办的一项面向高中生开展的科技创新后备人才选拔和培养活动。该活动通过考察学生的创新意识、研究能力和知识水平等综合素质，发现具有科学研究潜质的学生，并鼓励青少年投身于自然科学研究事业。

图 5-4-2　“明天小小科学家”奖励活动网站

活动接受品学兼优且拥有独立科学研究成果的高中二年级学生自由申报。获奖学生有机会被推荐给著名高校，并获得在大学继续科学研究和学习的资助。每年大约有600名学生提出申请，活动组委会选聘约200名院士和专家组成评审专家委员会，通过对学生科研项目和申报材料进行评审，评选出100名优秀学生到北京参加为期一周的终评评审和交流活动。

经终评评选，最终产生“明天小小科学家”称号获得者3名、一等奖12名、二等奖35名，三等奖50名。获“明天小小科学家”称号和一、二等奖学生所在学校和辅导学生的科研机构将按项目获得奖励。

各奖项奖金如下：

1. “明天小小科学家”称号获得者每人获奖学金人民币5万元；
2. 一等奖获得者每人获奖学金人民币2万元；
3. 二等奖获得者每人获奖学金人民币1万元；
4. 三等奖获得者每人获奖学金人民币5000元。

宋庆龄少年儿童发明奖

为了进一步贯彻国家“科教兴国”战略，激励少年儿童从小爱科学、学科学、用科学，激励热爱科学的少年儿童脱颖而出，推动少年儿童发明创造活动的蓬勃发展，在新世纪的开篇之年，宋庆龄基金会与中国发明协会、中国教育学会、全国少工委共同主办了“宋庆龄少年儿童发明奖”评选活动。

图 5-4-3　宋庆龄少年儿童发明奖证书样式

目前，宋庆龄少年儿童发明奖已经获国家科技部批准立项，属于国家级奖励。评选活动每两年举办一次，评选范围包括全国各省、市、自治区及港、澳、台地区少年儿童创作的作品。该奖项以 18 周岁（含 18 周岁）以下的少年儿童发明作品为评选对象，设金奖、银奖、铜奖、创意奖、优秀奖、园丁奖和组织奖。

至今，已经成功举办了 15 届宋庆龄少年儿童发明奖活动，评奖活动包括少年儿童发明作品奖、少年儿童创意奖、科技绘画奖、辅导教师奖、组织奖、科技发明示范基地奖等。